网易哒哒 —— 著

制造爆款

H5营销策划一本通

电子工业出版社·
Publishing House of Electronics Industry
北京·BEIJING

内 容 简 介

本书是由网易哒哒团队出品的一本介绍如何打造爆款 H5 的教程书。全书共分为 7 章，通过对 H5 多角度的分析，以"创意＋内容"为切入点，深度剖析行业是如何制作爆款 H5 作品的。全书围绕网易团队制作的 1 000 万 PV 的实战案例展开，对用户和营销者喜爱的 H5 进行细节特征分析，讲述制作爆款 H5 的实操方法，通过对文案选题、交互视觉设计的梳理，最后复盘 H5 作品获得现象级流量背后的原因。全书理论与实际紧密结合，不论是小白还是资深从业人员，都能从中获得启发。

未经许可，不得以任何方式复制或抄袭本书之部分或全部内容。

版权所有，侵权必究。

图书在版编目（CIP）数据

制造爆款：H5营销策划一本通 / 网易哒哒著. —北京 ：电子工业出版社，2020.6
ISBN 978-7-121-38977-1

Ⅰ．①制⋯ Ⅱ．①网⋯ Ⅲ．①网络营销－营销策划 Ⅳ．①F713.365.2

中国版本图书馆CIP数据核字(2020)第075883号

责任编辑：田 蕾　　特约编辑：刘红涛
印　　刷：北京富诚彩色印刷有限公司
装　　订：北京富诚彩色印刷有限公司
出版发行：电子工业出版社
　　　　　北京市海淀区万寿路173信箱　邮编：100036
开　　本：720×1000 1/16　印张：14　字数：358.4千字
版　　次：2020年6月第1版
印　　次：2020年6月第1次印刷
定　　价：79.00元

凡所购买电子工业出版社图书有缺损问题，请向购买书店调换。若书店售缺，请与本社发行部联系，联系及邮购电话：（010）88254888，88258888。

质量投诉请发邮件至zlts@phei.com.cn，盗版侵权举报请发邮件至dbqq@phei.com.cn。

本书咨询联系方式：（010）88254161~88254167转1897。

读 者 服 务

读者在阅读本书的过程中如果遇到问题，可以关注 "有艺" 公众号，通过公众号与我们取得联系。此外，通过关注"有艺"公众号，您还可以获取更多的新书资讯、书单推荐、优惠活动等相关信息。

扫一扫关注"有艺"

投稿、团购合作：请发邮件至 art@phei.com.cn。

序 / 言

　　移动互联网发展至今，媒体格局、传播生态都发生了巨大变化。在移动互联网时代，每个人都拥有话语权和传播力，每个人都是信息传播的节点。H5 之类的内容传播新形态也逐渐流行起来。这两年，网易传媒连续产出了很多 H5 刷屏案例，行业里有很多人都在夸赞我们。确实，网易传媒在 H5 的传播方面取得了一些不错的成绩，其中，网易哒哒这个团队可以说走在了 H5 行业的前列。正是这个年轻的团队，把自己在打造优质内容、打造诸多爆款 H5 作品中的一些非常实际有用的经验与思考总结成书，期待与读者分享。

　　有人问，为什么网易传媒可以成为营销爆款的制造工厂？

　　其实这源于网易传媒自身的文化与机制。在社交媒体时代，传播话语权迅速扁平化，信息传播再次从媒体对个人的价值传播，回归到人与人之间的直接传播。从市场反馈可以看出，任何无法流行起来的东西，最终都可能会慢慢失去话语权。未来，是否具有制造"流行"的能力，即一个媒体是否能够与时俱进的检验标准。因此网易传媒从未放松对内容业务进行升级，让内容更具流行性，让内容的自传播能力加大。这让我们除继续向用户提供可靠扎实的传统内容服务之外，还要用流行手段，适配流行语境，产出流行爆款。网易在媒体业务上是一个老牌门户网站，在移动互联网时代我们没有错失变革的机会，网易传媒对内容品牌升级和探索内容营销新方法的重要性有着非常充分的认知，并愿意花大力气为此布局。最近两年，我们在网易传媒内部成立文创事业部，采用行业开创性的工作室模式，致力于打造内容生态，也正是出于这样的考虑。

　　回顾过去两年，网易传媒在内容业务上已经形成了独具特色的"两步走"策略。首先，我们专注于持续产出"爆款"带来的品牌影响力。作为一个内容平台，我们能沉得住气，愿意花大量的时间来打造优质原创内容，把质感最好的东西呈现给用户。我们希望网易传媒的内容能够在这个超级传播的时代留下痕迹：成为社会潮流的引领者，成为经得起检验的内容创作者。其次，网易传媒也看重内容业务是否具备良好的商业化能力。纵观全球内容产业，优秀的内容公司几乎都是商业化能力出色的公司，商业化能力在很大程度上也是对我们内容创作能力的检验标准。依靠网易多年来原创内容团队积淀的经验和品牌影响力，我们有能力为商业伙伴提供一流的内容营销和品牌商业化服务。

有不少人问我："你们的路线看起来是一条'慢车道'，过程是不是长了一点？"

网易是一家在做生意的同时讲情怀的公司，正是这种"不功利、忌浮躁"的态度，才让网易一路走到了今天。所以我希望我们能够持续打造优质的内容和产品，希望我们所有的用户都能接触到高品质的东西。网易新闻深耕多年，孕育了深厚的内容平台基因，锻炼了一支专业素质和经验积累都堪称一流的内容团队，这也是网易传媒总能在内容生态新领域中，准确把控话题热点、社交传播特征、用户心理洞察等方面的原因。有实力、有情怀，才能更好地建立起内容平台与用户之间的信任和情感链接。

每一支优秀的内部团队身上都有网易企业文化深刻的印记。网易传媒内部孵化出的文创工作室，包括哒哒团队在内，一个重要的业务原则就是"追逐爆款，谋求市场认可，绝不盲从数据"。在每一次策划中，我们的团队都会更多地考虑给用户传递什么价值。网易传媒提倡的"有态度"，是指用心和真诚打造内容，我们希望更多地传递欢乐和积极的能量，传播更多有价值、有意义的内容。

目前，网易传媒致力于构建良好的内容生态，注重原创 IP 的建设，网易哒哒也将是网易传媒内容战略布局中的重要一环。同时，网易传媒也将以更加开放的态度与广大合作伙伴共同构建内容消费的新市场。网易传媒一定会在未来中国的内容产业建设上，贡献出自己的一份力量。

网易传媒集团 CEO　李黎

网易哒哒工作室是一个专注于生产有趣、好玩内容的团队，内容产出包括 H5 和条漫策划等。在过去两年里，有不少作品在社交网络广为传播，例如"六一"回忆杀策划《滑向童年》、影视 IP 测试《解锁你的欢乐颂人设》、关注年轻人睡眠状态的《睡姿大比拼》、关注动物保护主题的《她挣扎 48 小时后死去，无人知晓》、软萌有趣的《制作你的饲养手册》等。

有人提出疑问说 H5 会不会很快就过时了，也有很多用户非常好奇网易哒哒的作品为什么很容易就成为刷屏爆款。

关于第一个问题：其实只要移动互联网仍是主流，H5 就不会过时。另外，玩转 H5 的核心是内容层面的创新、创造，即使几百年甚至几千年后，不知道是什么时代，内容和信息传播也永不过时。

关于第二个问题，就是这本书要告诉读者的。做一个刷屏的 H5，技巧固然重要，但内核更甚。移动互联网飞速发展，当我们见过了各种炫酷的新技术、新形式后，就会发现内容显得更加可贵，要打动用户，其根本还是内容为王，而作为策划团队，想要做出优质的内容，就必须要心怀敬畏，用真心去呈现有价值的内容。这样的认知和心态是必备的，当然我们同时也必须了解一些技巧性的东西。其实哒哒团队一直认为所有的爆款都是有迹可循的，创意并不是某一个人的突发奇想，而是一个团队不断学习、积累、举一反三，并在特定的时间集中爆发，不断打磨而产生的。下面我们就通过这本书，从 H5 是什么到如何激发创意，如何搞定选题，如何写出能引发用户共鸣的文案，以及如何实操制作一支 H5 等方面做一个分享。相信各位读者认真看完这本书，就会对如何找到一个合适的选题，如何在一个选题下产生一个好的 H5 创意，并且把自己的创意结合优秀的文案落实成一支品质良好的 H5 等内容，有比较清晰的认知与了解，对照课程付诸实践，相信大家也能做出优秀的 H5 作品。

目 录

[第六章]

从零开始学做一支H5

[第五章]

爆款是可以预测的

[第七章]

网易哒哒的爆款案例复盘

第一章

这些年承包朋友圈的H5

H5是用 HTML 5 语言制作的数字产品，是一种运行在移动端的、基于 HTML 5 技术的动态交互页面，集文字、动效、音频、视频、图片、图表和互动调查等各种媒体表现方式于一体。由于其是基于 HTML 5 网页标记语言开发的，出于省事或其他原因，直接被人们简称为 H5。

简单来讲，H5 就是一个网页，使用任何浏览器都能打开。由于 H5 是在微信上传播为人们所熟知的，所以人们一般将 H5 和微信联系在一起，而微信也就成了 H5 传播的起点。

2013 年，微信崛起，腾讯当年财报显示，微信月活用户数达 3.55 亿人，是当时新的流量洼地。但是微信封闭、私密的产品特性，将带着"公共"性质，追求"覆盖"的营销推广拒之门外。

然而 H5 是一个完全契合微信这类社交平台的传播载体。H5 玩法丰富，能以动态有趣的方式展现内容，更关键的是 H5 方便传播，用户动动手指就可以分享，有效地扩大传播范围。H5 在微信落地生根，玩法和互动形式越来越丰富，成为风靡一时的营销工具。

1.1
H5的初级阶段：PPT类翻页H5

　　H5 在微信上初露头角是 2014 年，我们将这一阶段叫作 H5 的初级阶段。此时，H5 主要以静态页面展示为主，使用最基础的交互，辅以背景音乐和音效，整体看来就像移动端播放的翻页 PPT。

　　信息展示类 H5 在此阶段最为常见，如邀请函、年度总结、企业招聘等。由于不需要耗费太多人力和物力，在第三方制作平台的模板中替换照片和音乐，即可成型。企业乐于使用 H5 这类传播形式，让它承载信息传播到大众的社交圈。

　　特斯拉曾经制作过一支在当时来说比较精美的 H5，主题是"来自未来的车，颠覆一切"。H5 不仅有图片和文案，而且插入了视频，以及具有可以滑动的旋转车辆，能让用户 360° 观察车型的页面。特斯拉制作的这支 H5 通过多种形式对车型进行展示和介绍，帮助用户从而各方面了解技术的革新点。

网易新闻经常在一些重大节点或者名人周年纪念日，制作回顾性的 H5，如纪念李小龙的 H5——《功夫之王李小龙》和追思 Beyond 乐队主唱黄家驹的 H5——《22 年，你还记得他吗？》等作品。精练的语言概括了名人人生的各个阶段，搭配有年代感的老照片和相关的音乐，相比传统呈现形式，H5 这样的形式明显更加生动活泼。

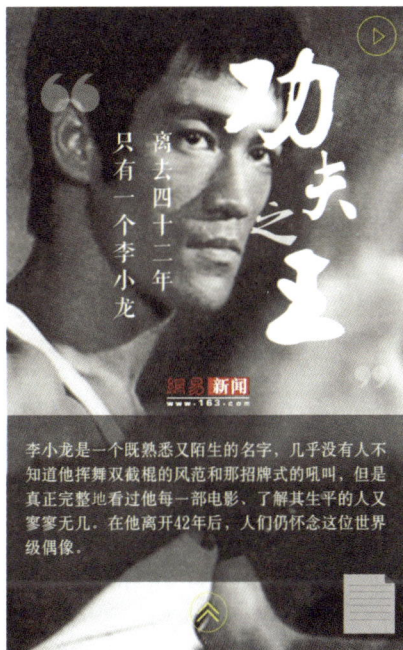

　　在初级阶段，营销界还未意识到 H5 潜在的爆发力，H5 被当成单纯的信息展示类工具在使用。玩法单一、缺乏交互，是初级阶段 H5 的显著特征。尽管如此，仍然有一些有创意的经典案例，如网易新闻出品的《二零一四年娱乐圈画传》。

　　虽然同是信息展示类 H5，但《二零一四年娱乐圈画传》在内容上独辟蹊径。H5 以"用图说事"的手法，回顾了 2014 年娱乐圈的各大热点事件。H5 并不是用现成的图片素材配上文案发出来的，而是用插画的形式，将热点事件构思成画面，配上内涵丰富的文案，在精准传达热点事件的同时，还能博用户会心一笑。

1.2
H5的中级阶段：欣赏型H5

内容形态和交互形式的发展，使H5在交互上与生俱来的优势终于被发现。如果说初级阶段的交互是让页面动起来，发展阶段的交互则是让内容动起来。这一阶段，由于有趣的交互形式增多，H5的欣赏性大大增强，出现了许多经典案例。

《史上最长加班夜》是当时神州专车制作的一支H5。夜深了，连夜猫子都已经入睡，主角白领将工作邮件发给老板，熟睡的老板翻个身继续睡，而主角白领继续在公司加班。

H5重现白领深夜回家时遇到的真实状况，如黑车不安全、夜宵摊打烊、路上不安全等，用一镜到底的手法，清晰流畅地刻画了一个令人不安的深夜，画面简洁有趣。H5设置了6个交互，帮助用户点击屏幕。当用户点击屏幕时，人、动物就会出现动效和音效，每一处动效都可能加深用户对"最长加班夜"的印象。

H5《爱的形状》在情人节当天上线，追求爱情的图形为了迎合对方的心意，不断自我切割，最终在爱情中失去了自己最初的模样。《爱的形状》的交互非常丰富，用户滑动屏幕，跟随文案的指示与图形产生互动，随着用户一系列手势动作，H5的情节不断向前推动，用户能欣赏到一个完整的故事。

黑、白、灰、红的颜色搭配，以及线条和图形的搭配，使整体的视觉设计非常高级；使用象征的手法，形象简练，寓意深刻，能引起人们丰富的联想，耐人寻味。这支H5的欣赏性强，并且寓意深远，是欣赏型H5中的经典作品。

1.3
H5的高级阶段：强交互H5

在初级阶段，策划者考虑的是如何借助 H5 这个工具将内容传达出来，满足基本的信息传达的需求；在中级阶段，策划者开始考虑怎么围绕 H5 可以实现的技术，让内容"动"起来。强交互是 H5 天然的优势，经过前两个阶段的研究和创新，策划者对于 H5 的思考愈加深入，H5 的交互方式更加丰富，在玩法上也更加灵活。强交互是 H5 在高级阶段的典型特征。

虽然 2015 年是 H5 的高级阶段，但早在 2014 年已初现苗头。2014 年 7 月，南京泥巴怪网络科技有限公司出品的互动游戏 H5《围住神经猫》上线，访问量三天超过一亿人次，创造了惊人的社交神话。

《围住神经猫》操作简单，容易上手，点击圆点将神经猫围住即可。游戏又有一定挑战性，因为值得用户在朋友圈炫耀的结果不是用户赢得最终的胜利，而是用户以最少的步数围住神经猫。玩家将游戏分享到朋友圈，标题就会变成"我用了 × 步围住神经猫，击败了 ×% 的人，你能超过我吗"，形成了社交攀比链。

《围住神经猫》在朋友圈的爆红，展现了H5强大的社交传播影响力和爆发力，带动了互动游戏H5的繁荣，也启发了策划者在玩法和交互上的思考。

网易哒哒制作的《里约大冒险》是典型的互动游戏类H5，其在玩法和交互上有很大的升级。用户进入H5之后，被要求画一个简笔画的小人，简笔画小人在冒险过程中遇到困难，需要用户画出绳子、降落伞等物体帮助它摆脱困境。可以将它看作简笔画小人的里约大冒险，有趣的游戏剧情出乎玩家意料。

新世相制作的H5《城市之旅》是强交互H5的一个典型案例，它是一个互动性很强的测试类H5。H5设置了13道测试题，用户做出选择后，会出现对应的场景和用户产生互动。比如第一题"初到新城市，囊中羞涩，选择哪里落脚了"，如果用户选择A选项"城市中心的小隔间"，那么会出现一张隔间照片，用户需要涂抹画面，将灰白色的图片变成彩色，才能进入下一题。如果用户选择B选项"城市郊区的大卧室"，则会出现主角在地铁通勤的场景，用户需要左右摇晃手机，模拟地铁摇晃的效果，才能进入下一题。用户做出的选项能得到及时反馈，趣味交互增强了 H5 的可玩性，吸引用户继续玩下去。

1.4
H5的刷屏阶段：沉浸体验式H5

2016 年，H5 集视觉设计、影视制作、剧情互动、游戏体验于一身，将 H5 策划推向高潮，交互类视频 H5 是该阶段的特色。

多邦文化传播有限公司出品的《活口》是这类 H5 的集大成者。策划团队以密室逃脱为主题，实拍了一部出租车司机被绑架，醒来后找到线索逃出密室的微电影。真人实景拍摄，第一视角的画面，让人有强烈的代入感；用户滑动屏幕能看到其所处环境，点击物品即可得到反馈，让人仿佛置身其中，拥有高度的参与感。

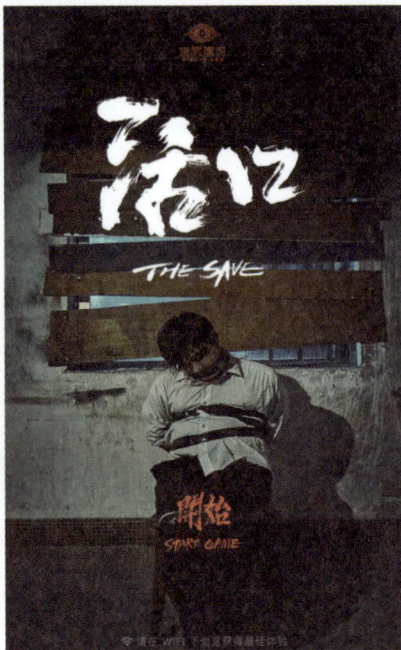

策划团队通过种种营造出来的沉浸式体验，更为真实地激发出用户困惑、紧张、恐惧等情绪，乐趣也由此被放大。用户在一款产品上的注意力越集中，产品所能够沟通的内容也就越具有张力，对用户产生的影响也更为深刻与持久。这是交互类视频 H5 的魅力所在。

《这个陌生来电你敢接吗》是某广告公司为大众点评 App 制作的一支交互类视频 H5。不同于《活口》以手机为载体，承载了一个密室逃脱主题的交互类视频，该 H5 的策划团队将创意与手机结合，将故事发生的场所设定为手机。用户接到一通未知来电，电话接通后，漆黑的屏幕后面竟然有人在砸手机屏。伴随着一次次攻击，手机屏幕越来越碎，没有人知道屏幕完全碎裂后会发生什么。

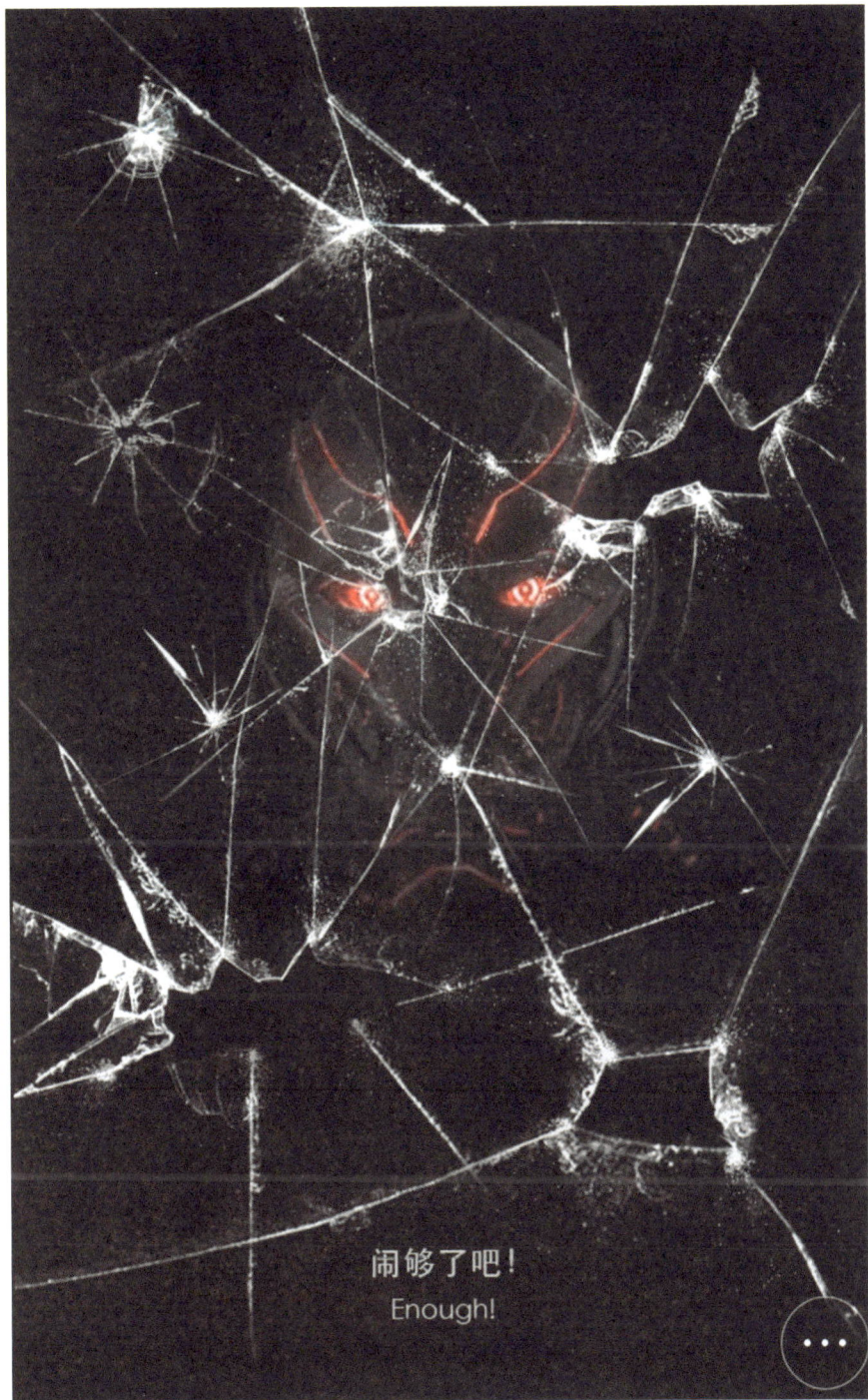

闹够了吧！
Enough!

　　未知来电、手机屏幕碎裂，都围绕着用户的手机发生，让用户快速代入。策划团队利用场景设定和悬疑情节，激发用户的好奇心，调动他们的情绪，在一波又一波情节的推动下，引出至关重要的一句话——"这块屏幕太小，让我选块 IMAX 的，再陪你们玩玩"，H5 落版在大众点评的在线购票页面。

　　这是一个将交互类视频 H5 的魅力与产品结合得比较好的商业化 H5，在用户注意力高度集中的情况下，不突兀地引出主题，并且带出产品。

　　像这样的商业化交互类视频 H5，有经典案例神州专车出品的《Michael 王今早赶飞机迟到了》考拉海购出品的《入职第一天，网易爸爸教我学做人》等。

　　故事的主角 Michael 王是一位企业白领，他在和老板出差的当天竟然起晚了，慌慌张张赶飞机却跑错了机场，给老板发 PPT 时电脑却没有电……紧要关头出现一系列拖后腿的乌龙事件。

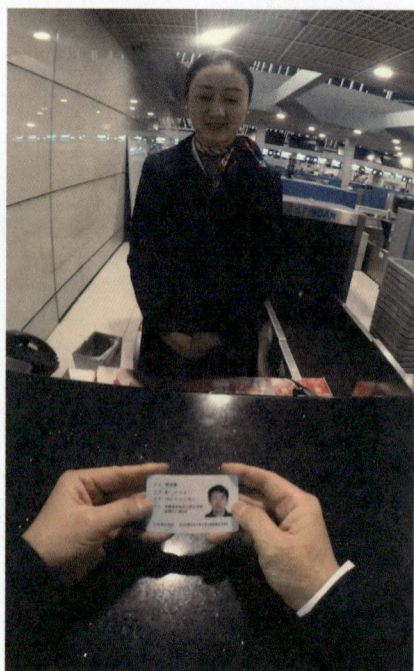

视频以第一视角展开，粗糙的拍摄手法和摇晃的镜头有很强的代入感，发生在主角身上的乌龙事件都是会真实发生的，所以凸显出了真实感。策划团队用视频展示了上班族赶飞机迟到的场景，制造了冲突、紧张和焦虑，为的是最后的神转折，引出产品和文案。产品承接故事的发展非常自然，广告就在不经意间传达给沉浸在情节和情绪中的受众。

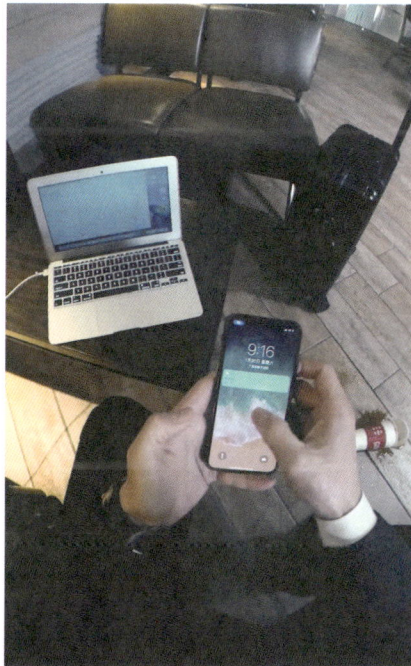

《入职第一天，网易爸爸教我学做人》是考拉海购出品的一支广告H5，目的是宣传"黑色星期五"活动。实习生猪你丫，入职的喜悦和陌生感还没有消化完毕，便被总监委以重任。与《这个陌生来电你敢接吗》同样是场景模拟的H5，视频以微信聊天和猪你丫的内心戏推动故事情节的发展。

实习生某某某，想要和公司的前辈处好关系，想要努力做好领导交代的每一件事情，但是也会在工作中犯下错误，受到鼓励时会欣喜万分，就像每个初入职场的受众一样。场景模拟和场景化展示让有共同语言的用户很快代入，"黑色星期五"广告不知不觉地与内容融合，让受众在看戏的同时也在不经意间消化了广告。

1.5
内容为王阶段：H5+

2017 年以前，H5 作为新兴的形式，有大把的技术红利可供消耗：H5+ 游戏、H5+ 测试、H5+ 视频，等等。H5 的热度居高不下。可以说，创作者不愁如何用 H5 去吸引受众的注意。然而 2017 年以后，行业陷入困顿：玩法逐渐枯竭，H5 要何去何从？

在这样的大环境中，网易哒哒回归了内容为王的道路，其持续的爆款输出也让营销界明白：创意和内容，永不过时。

比如个性化类 H5，过往的创意都还停留在表面，只能换个名字、上传照片，而高阶的个性化，则是将用户的五官毫无处理痕迹地与人物模板融合，例如天天 P 图出品的《我的前世青年照》。个性化不仅仅是让用户玩起来，更重要的是能给用户提供极致的个性化和 UGC（User Generated Content）的创作空间，同时还能满足用户深层次的情感需求。

　　H5《睡姿大比拼》，创新性地以睡姿为主题，清新的设计风格，从人物的打扮、发型、衣着、睡觉的脸型，到床的造型、床上用品，再到家里的小宠物应有尽有。流畅、低难度的操作，引发了用户的 UGC，满足了用户想要分享自己生活的欲望。

H5《2019 我的新年 Flag》，犀利地洞察到辞旧迎新之际，"立 Flag"①已经成为年轻群体的群发性行为。网易哒哒在 2018 年年底，特别提供了一支"立 Flag"的 H5，将流程设置得好玩又有仪式感，让用户有一种告别过去、迎接未来的感觉。用户既能选择策划团队准备的 Flag，也可以主动输入更符合自己实际情况的内容，享有极大的主动权。H5 满足了用户的潜在需求，让他们更"有范"地晒出自己的新年愿景。

▶ 0
已选 ⊙   Step1. 立下你的新年Flag

1   2
春天去日本看樱   变瘦变美！
花   ✋点击选择Flag

3   4
绝对不熬夜了   再也不裸考了

5   6
去芬兰追极光   多给爸妈打电话

换一换

| 也能在这里写下你的Flag哦   ←

下一步>

①立 Flag：网络流行词，指说出一句振奋人心的话。

测试是 H5 经久不衰的一种玩法。在众多测试中，网易哒哒凭借新颖的切入点和创意脱颖而出。人格型测试十分常见，一般通过让用户答题来匹配人格类型和分析文案，但大多偏向心理学。《测测你的哲学气质》独辟蹊径，将哲学与人格相结合，用户回答 10 道哲学问题，便可得到 3 个匹配的哲学主义，每个哲学主义都有精炼的关键词和具有高度洞察力的文案。

网易哒哒将深奥的哲学，如将如何看待生死、快乐、命运等问题场景化、生活化，让用户在感受到哲学气息的同时，又有一种似曾相识的感觉。结果文案专业准确，与用户对自己的认知产生共鸣。

H5《制作你的饲养手册》以"萌""可爱"为主题，用户通过回答好玩有趣的题目，选择自己喜欢的事物，获得与其匹配度极高的饲养手册。这支 H5 在内容上的亮点与《测测你的哲学气质》相同，依然是创意的选题与优质的内容。

　　《制作你的饲养手册》将人拟物化成动物，围绕"萌""可爱"的主题创作了 7 道题，每道题目都可爱有趣，富有童心和想象力，其中最后一题是让用户选出最爱的 3 种食物。在结果页中设置了习性和注意事项，用描述动物的话术来形容人的性格，使用户得到与自己性格相符的准确结果。

2017 年以后，行业内面临洗牌，行业内的竞争趋于激烈化，这是无法避免的。"创意的选题"加上"优质的内容"，让网易哒哒成为爆款制造机器。这是最好的时代，也是最坏的时代，内容成为行业最后和最高的门槛，只有能持续输出优质内容的创作者，才能笑傲江湖。

{ 第二章 }

用户和营销人喜爱的H5类型

/
/
/

2016 年，由于 H5 的技术红利被吃透，H5 唱衰论层出不穷；2017 年，
微信推出一种名为"小程序"的应用，唱衰 H5 的声音甚嚣尘上。但如今，
H5 依旧活跃在用户的视野，是营销界不可或缺的传播载体。H5 用时间
证明，它是移动互联网广告的黄金搭档。本章会详细介绍 H5 的优势和
未来发展趋势，以及 H5 中广受用户和品牌营销青睐的四大类型。

2.1
H5是移动互联网广告的黄金搭档

目前是微信营销的时代，利用H5可以做出各种关联，链接到主战应用软件市场和各种页面，这些都是其他形式做不到的优势，H5仍然是这个领域表现力最强的形式。玩转H5的核心是创新和创造，即使几百年甚至几千年后，不知道是什么时代，这种与时俱进的创意思维也是永不过时的。

2.1.1　H5的传播优势

1.内容丰富，强互动

H5集视觉设计、影视制作、剧情互动、游戏体验于一身，融入视觉、听觉、交互，把传统依靠视觉和听觉传播的内容，直接扩展到了体验的全新层面。传统的广告形式有平面音频和视频，其中只有视频广告能同时满足视听，但它们缺少交互，无法像H5一样让用户有带入感和参与感。

网易三三工作室出品的《职场反击战》，是一支视频交互型H5。该H5讲述了在职场中常见的几个场景：和不熟悉的同事尬聊，为领导背黑锅，方案被毙……视频交代好场景后，出现选项提示用户选择，是接受现状还是反击，不同的选择对应不同的情节；重现用户熟悉的场景，加深用户的代入感和参与感，更能调动起用户的兴趣。

2. 跨平台，易传播

在移动互联网时代，智能手机覆盖率高达 68%（2018 年数据）。H5 具备的跨平台性，意味着 H5 可以通吃移动端和 PC 端、安卓和 iOS。用户动动手指就可以把 H5 分享到微信、QQ、微博等社交平台，在互联网制造出病毒式传播。

3. 修改灵活，自传播

制作一套平面广告或一支视频广告，需要经过策划、执行和投放。H5 的制作流程虽然大同小异，但是由于 H5 有本地储存性，可以随时修改调整，而传统广告在作品投放之后无法再修改。传统广告投放需要额外的费用，H5 上线则依靠自传播。

2.1.2 小程序 VS H5

1. 什么是小程序

2017 年，微信推出了一种不需要下载安装即可在微信平台上使用的应用，这款应用就是小程序。微信小程序是一种全新的连接用户与服务的方式，它可以在微信内被便捷地获取和传播，同时具有出色的使用体验。

简单地说，微信小程序可以为开发者提供基于微信的表单、导航、地图、媒体和位置等开发组件，让他们在微信的网页构建一个 HTML 5 应用。同时微信还开放了登录和微信支付等接口，让这个小程序可以和用户的微信账号打通。（注：引用自《关于微信小程序开发者文档》）

小程序一经推出，市场上反响热烈，截至 2018 年 3 月，其用户规模突破 4 亿人。正因为小程序和 H5 都是 HTML 5 搭建的网页，所以 H5 能实现的一些玩法小程序也能做出来。在小程序推出后，出现了关于"小程序会杀死 H5"的言论。

事实果真如此吗？在针对这个言论下结论之前，我们不妨先看看用小程序有什么优势。

（1）体积小，无须加载

小程序是存在于微信内部的应用，微信在推出小程序时，对它的大小做了限制，省去了加载的时间，让使用更加流畅。最初，小程序面世时的体积限制是不得超过 2M；截止当下，它的单个分包 / 主包大小不能超过 2M，整个小程序所有分包大小不超过 12M（引用自 2020 年，微信官方文档·小程序）。

（2）入口多，易曝光

小程序目前已经拥有 52 个去中心化形式入口，用户可以通过搜索、扫码、分享、公众号等方式便捷地进入小程序（引用自《2019 年小程序行业研究报告》）。曝光的机会多了，依附微信生态，小程序就能够有效实现病毒性复制传播。

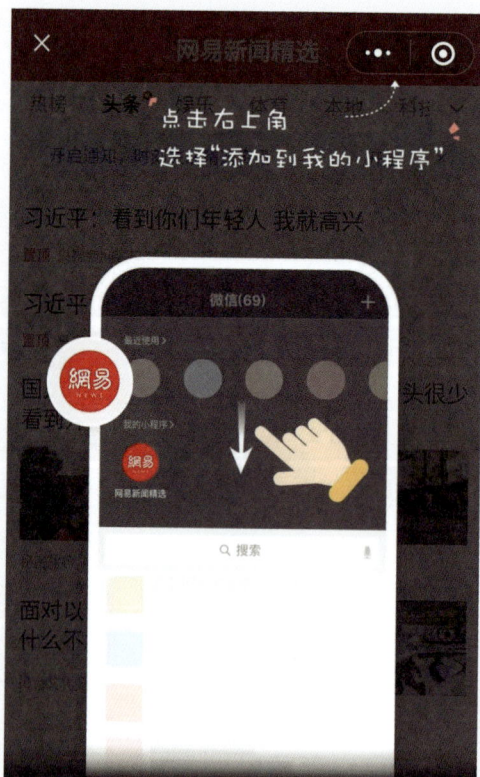

（3）沉淀用户

　　小程序在首次使用时，会保存用户的微信账号信息。小程序只要被用户打开过一次，就会自动留存在微信的小程序的使用列表中。小程序自动留存用户的行为，让它有更多的二次触达机会。

2. 小程序是否会挤压 H5 的生存空间

　　小程序的优势确实不少，但微信最初推出小程序并不是为了对标 H5，而是让用户能在微信中快速找到各大品牌或者企业的入口，从小程序的功能设计和它的优势来看，这也符合微信的初衷。

　　虽然小程序不对标 H5，但小程序确实能实现在 H5 中玩起来的创意形式，常见的有测试、个性化 DIY 和小游戏。这几个创意玩法分别能在小程序中找到典型案例，例如陕西指飞舞动网络科技有限公司出品的《趣心探》和《少女穿搭日记》。

　　《趣心探》是一个做测试的小程序，将开发者创作的所有测试集都纳入同一页面中，用户能在小程序中找到自己感兴趣的主题测试。

《少女穿搭日记》是一个 DIY（自己动手制作）小程序，玩法与 H5《睡姿大比拼》相同。用户选择角色的性别，为其搭配服装，安排摆件，最后生成图片。

虽然小程序和 H5 不是竞争关系，但是在功能上确实有部分重合，这也难免会有人担心小程序会挤压 H5 的生存空间。实际上这样的担心是多余的。从目前来看，H5 中的创意能移植到小程序中的并不多，而且由于自身的限制，传播力非常有限。

（1）体积有限，玩法单一

为了快速加载和进入小程序，微信对小程序的体积有限制，这实际上大大限制了小程序的玩法。虽然 H5 的创意方法在小程序中也能适用，但由于体积限制，小程序只能做一些轻量级、轻互动的内容，比如小游戏和测试，想要制作类似《活口》这类效果酷炫、交互复杂的内容就有些吃力。不过，微信已经放宽小程序体积的上限，未来小程序将会发展成如何，让我们拭目以待。

（2）只能在微信中分享

虽然小程序依托微信，入口多，有更多的二次触达机会，但是小程序只能在微信中分享，缺乏 H5 自带的跨平台属性，不能跨平台传播，对外传播力显得不足。

网易哒哒曾经创作了一支测试用户财商的 H5，将 H5 链接嵌在网易公开课的小程序中，H5 成为网易小程序的一部分。由于小程序无法使用链接分享，只能保存图片分享，实际上这就对结果页内容有很高的要求，必须足以吸引、打动用户才行。

通过对比，能发现小程序和 H5 各有各的优势和不足，但说不上小程序和 H5 之间是"你死我活"的关系。而且从小程序与生俱来的优劣势上来看，H5 的各种玩法移植到小程序上，"水土不服"的居多，能适应的较少。H5 仍然是微信营销时代最强的表现形式，生存空间被挤压这一说法是不成立的。

2.1.3 H5还能火多久

我们可以把内容形态归纳为 4 个难度梯级。

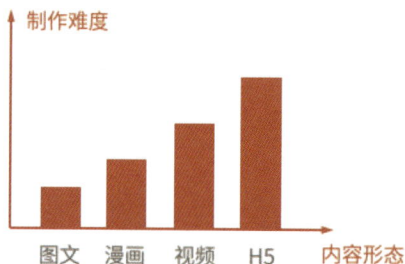

a. 文字内容　　　b. 条漫等图片内容　　　c. 音视频内容　　　d.H5 内容

这 4 个难度梯级是根据制作工期和需要参与的岗位数量而排序的，H5 这种富媒体内容形态可以将前 3 种内容形态全部囊括其中。所以，H5 是目前市面上制作难度最高的内容形态，需要策划、设计、动效、前端、测试等多个岗位组成团队配合，其难度不亚于开发一款 App。

从 PC 时代到移动互联网时代，文字、条漫、音视频等内容都没有被淘汰，移动互联网促成了 H5 的火热。所以，只要移动互联网阅读还是主流，只要微信还占据日常人的普通生活，H5 就能一直火下去，并且 H5 已经成了一种富媒体内容形态，即使手机和微信被未来技术取代，富媒体形态的内容还是会在新的技术平台上展现的。

没有一种媒介可以长久不衰，但现在是移动互联网营销和微信营销的时代，H5 是最契合移动端和社交平台的一种媒介。在下一种媒介与 H5 分庭抗礼之前，移动端营销仍旧是 H5 的天下。

2.1.4 H5的未来

H5 唱衰论从 2016 年出现后，这种声音如同定了时一样，每隔一段时间便会出现，然后又会被最新的刷屏作品盖下去。即便是这样不断被打脸，唱衰论者依然不肯放弃。因此，网易哒哒此次借着本书系统分析 H5，探讨一下 H5 的未来。

2014 年，营销界追逐 H5 这种新形式、新工具、新媒介的技术红利，他们急于发掘玩法，却忽视了洞察用户、内容深耕和社交属性。只要出现一种新的玩法，人力和资本就蜂拥而至，使得内容同质化非常严重。将玩法等同于 H5 的生命力，当挖掘 H5 的玩法越来越困难时，"H5 不行了"这样的言论便悄然出现。这就是唱衰论的起源。

首先，我们需要明确一点：H5 是什么。H5 其实是一种编译语言，我们看到的一个完成的作品，便是用这种编译语言写出来的。这样看来，它就是一个工具，去唱衰一个工具是没有意义的。举一个生活化的例子，我们说自己喜欢看电视，难道是真的在看这个名为"电视"的电器吗？不，电视只是一个单纯的播放工具，我们真正感兴趣的还是电视播放的内容。

其次，一个传播广泛的 H5 建立在对社交内容的高度把握的基础上，能够激发用户的点击欲和分享欲，打破圈层，覆盖较广泛的传播面。H5 的未来必然落脚在洞察、内容和社交上。按照我们对 H5 市场的观察与分析，预测 H5 未来的发展趋势。

1. 轻平快的路线

在移动互联网时代，大众可以随时随地获取信息，巨大的便捷性导致出现了用户时间碎片化的趋势。在用户时间和耐心都有限的情况下，他们就会计较回报率。用户点击、等待和浏览的时间是投入成本，如果短时间内没有获得意料中的回报，用户就会毫无留恋地离开。

H5 作为用户的非刚性需求，应该扬长避短，以轻平快的内容快速抢占用户的碎片时间，快速加载，随玩随走。除了从内容上收获惊喜，用户甚至可以从 H5 中获得谈资和炫耀的资本。用户计较回报，那么 H5 就减少等待和理解的成本，让回报高于投入。

网易哒哒出品的《制作你的饲养手册》，以及层出不穷的测试在朋友圈引起了多轮刷屏，这些爆款用轻平快的创意撬起了上千万的流量。《制作你的饲养手册》在策划时强调体量要轻，交互友好，理解成本低，内容要让用户眼前一亮。项目上线后收集到的反馈验证了"轻、平、快"的策略是正确的。

2. 精准的社交人群洞察

一个传播广泛的 H5 是建立在对社交内容的高度把握的基础上的，它们能够激发用户的点击欲和分享欲，打破圈层，覆盖较广泛的传播面，而对社交内容有高度把握的基础则是洞察。

用户在朋友圈晒自拍，打卡旅游景区，打卡网红店，在辞旧迎新之际做年终总结……用户每个社交行为的背后，都有不同的动机。

比如，用户晒自拍是因为有自我展示的需求存在；晒旅行打卡是为了秀出个人优越感；在朋友圈做年终总结是为了塑造自己"工作积极"的形象。

社会学家戈夫曼认为：人生就是一出戏，社会和人生就是一个大舞台，社会成员作为这个大舞台上的表演者，都渴望自己能够在观众面前塑造能被人接受的形象。每个人都有自我展示的渴望，但是受限于现实中各种因素的困扰，而网络社交平台的存在，让每一个社会个体掌握着塑造自我、展示自我和表演自我的主动权。用户不仅可以"晒"，还可以美化、塑造形象。

挖掘用户在网络上的社交行为，精准洞察背后的动机，是未来 H5 制作至关重要的步骤。以《2019 我的新年 Flag》为例，这是一个帮助用户制作新年 Flag 清单的 H5。

策划团队注意到，大众会在朋友圈立下 Flag，通常这些 Flag 都是积极、正向、美好的，无论实现与否都能为他们的形象加分。因为大众有这样的日常需求，所以策划团队制作了这样一个 H5，让用户的 Flag 清单便捷、美观，方便在朋友圈晒出。

3. 内容需深耕

主题、情节、文案、视觉、动效、交互、音效等一切用户能体验到的东西，皆是 H5 的内容。创作者需要在各个部分融入创意，打磨细节，只有将内容优化到极致，才能给用户带来极致的体验。

在同质化严重的情况下，优质的内容是突出重围，让自己的 H5 立于不败之地的重磅武器。

测试类 H5 频频出现，大众疲于点开，网易哒哒是如何让《测测你的哲学气质》独树一帜的呢？主题上，哲学＋人格的搭配是亮点，测试匹配用户的哲学主义和人格解析，这是一次前所未有的创新；测试题目将晦涩的哲学场景化、生活化，在不失哲学的调性的同时又能降低用户的理解门槛；视觉、动效和音效围绕哲学给人的第一印象，突出未知和神秘感。交互上，简单连贯，保持一致，不会让用户产生逻辑混乱；结果文案基于用户洞察，紧贴哲学内容，让用户觉得专业、准确。正是各个部分的雕琢，最终打磨出一个能与用户灵魂深度对话的哲学主题测试。

2018 年 9 月，"H5 将死"的言论甚嚣尘上，网易哒哒制作了一支动物保护主题的 H5，这在行业内引起不小的动静。从这支 H5 的各个部分都能看出策划团队对深耕内容的精心程度。

首先，虽然主题是常提的保护濒危动物，但策划团队富有创意地通过鲸的视角来展现人类暴行。这个切入点是非常巧妙的，因为主角是人类，很容易将受众带入故事情节；反转的剧情打破用户的常规思路，给他们留下深刻的印象。由虚构的故事引出真实的濒危动物现状，让用户带着情绪听"大道理"。

其次，视觉上以黑、白、灰为主，让受众感到情绪上的压抑；在某几处使用红色，鲜艳的红色在黑、白、灰色调的对比下，显得更加触目惊心。

不执着于酷炫的动效，每一个效果都融入巧思、烘托主题。例如，怪兽躲在屏幕后撕碎了画面，寓意怪兽的出现打破主角一家人的温馨美好，这样的出场别出心裁又有新意；主角岚一跃而起化身为鲸撞向船只，怪兽变成凶残的人的模样，真相大白的那一刻更容易冲击受众的心智。

画面和声音能让受众直观感受到策划者想要传达的信息，丰富的音效配合画面能调动受众的视觉和听觉神经。

然而音效在 H5 的制作中很容易被忽略，使得用户体验大打折扣，而在内容为王的今天，一定要打磨各部分内容。《她挣扎 48 小时后死去，无人知晓》的音效十分丰富，在各处能营造氛围的地方都加上了音效，如怪兽的吼叫、脚步声、利刃扎进人体的声音、主角变身鲸时的哀鸣等，充分考虑内容和体验，每一处细节都没有忽视。

考虑到用户在浏览时，注意力都集中在画面和动效上，无暇关注大片的文案，所以策划团队细心打磨，使最终呈现的文案简短精练。例如，濒危动物现状展示部分，策划团队并没有堆砌资料，对每一个濒危动物的现状只用十几到二十字的文案进行解释，虽然简短，但是足够一针见血。

巴菲特说：只有退潮的时候你才知道谁在裸泳。当技术红利退去，行业对于H5的认识短板就开始显现出来了。总的来说，H5只是在移动互联网时代承载内容的一种新形式，最后都是以承载的内容为主打。而对H5买单的是用户，对于好的H5用户才愿意传播，因此策划人员又需要仔细研究透彻用户的社交行为和心理，优化用户体验。这是一支H5在策划时需要考虑的，也是H5未来要走的路。

2.2
测试类

测试类H5是品牌营销的实用利器。对用户来说，测试是他们百玩不厌的游戏，其也热衷于分享最后的测试结果，来展示自己的形象或人格。对品牌来说，测试的主题非常丰富，内容上能非常灵活地植入品牌的利益，将品牌露出，所以测试类H5很适合成为营销活动的引导环节。

2.2.1　热点型测试

热点型测试通常要结合当下的热点，如热门IP、社交话题等，利用热点的热度，获得曝光。

结合热门IP制作的H5，IP中的剧情或者人物性格会和H5的玩法结合。大众对剧情或者人物非常熟悉，所以在操作中会将对IP的喜恶移情至H5作品。由于有这层滤镜在，大众对H5的陌生感会被削弱，愿意去相信生成的结果，这是IP赋予H5的一个优势。

经典案例《解锁你的欢乐颂人设》和英语流利说 APP 出品的《职场版延禧攻略 》，就是借助热门影视剧 IP 制作的测试。《解锁你的欢乐颂人设》设置了 6 道题，每道题根据电视剧中的人物性格去设置出题场景，让用户作答。用户做出回答，H5 会根据用户的选项，匹配剧中相同性格的角色和文案。其结果为用户匹配了两个剧中人物，将每个剧中人物标注了与用户性格的相似度百分比，以及他们对于爱情、友情和人生的认识。

除了为用户匹配剧中的角色，还有另外一个创意方向，那就是和剧情结合。电视剧《延禧攻略》大火时，主角魏璎珞在剧中所向披靡，上怼权贵下惩恶人，在社交平台上引起热议。某企业结合该IP制作了一个《职场版延禧攻略》H5，将故事背景由大清后宫换成了职场，测试用户在职场版《延禧攻略》中最多活几集，引起热议。

每道测试题都是剧中的经典桥段，每个选项又都是剧中人物曾经做出的选择。测试结束后，H5不仅能为用户匹配剧中的角色，而且能生成他们最终能存活的集数，极大地增加了趣味性。

爱奇艺泡泡出品的《2017 年直男七夕考卷》是一个和热点结合的测试，创作者洞察了当下社交媒体探讨直男的热点，在七夕节上线，引发了极大的关注度。测试题来源于网友热议的内容。例如，神仙水是什么水，买包保命，女友生气该怎么做，等等。H5 会给测试者生成分数，来评定测试者的直男指数。

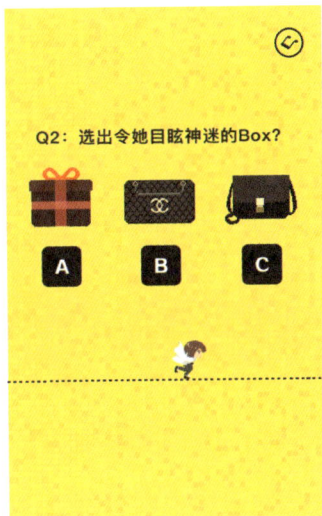

IP 和热点因为自带热度和人气，所以结合 IP 和热点的 H5 在引爆上有天然的优势。如果 IP 和热点在社交平台上引发讨论，那么 H5 也可以搭上热搜的顺风车扩大传播，享受一次免费的推广。这对商业化 H5 来说，是品牌曝光的绝佳机会。

2.2.2　非热点型测试

测试型 H5 假如不和热点结合，那么还有另一个方向，即心理测试。

"我是谁"，是哲学三大终极问题之一。其实，除了哲学家，大众对于弄清"我是谁"有莫大的兴趣，这也正是心理测试 H5 风靡的重要原因。大众热衷于了解自己，探索自己未知的一面，这类 H5 刚好可以满足他们在这方面的需求。

网易云音乐出品的《你的荣格心理原型》是近几年刷屏的心理测试，用著名心理学家卡尔·荣格的理论背书，测试题和文案围绕荣格心理学展开，以"专业"占领了大众心智。

你觉得它会长什么样的尾巴？

| 1号 | 2号 | 3号 | 4号 |

《你的荣格心理原型》通过问答的形式引导测试者，测试者仿佛在和一位心理学专家聊天，一问一答之中拉近测试者与 H5 的心理距离；题目设置多元化，看图答题、看文字答题、听音乐答题等，丰富的题型增强了测试的可玩性；生成的结果虽然仍然是测试中常见的角色 + 文案的组合，但是借用荣格的心理学学说，角色不再是剧中角色或者书中人物，而是心理学原型。这样的安排突破了大众对测试结果设定的惯性认知，令人眼前一亮。

除了人格，心理测试这个主题还能发散出更多的方向，比如智商、情商、性格、灵魂等。有些 H5 看起来不像是心理测试，如左右脑的年龄、性格的温度、灵魂的气质等内容，但它们都是套着一个有趣的主题外壳的心理测试。

汉中掌趣互动网络科技有限公司出品的《你的左右脑各多少岁》曾风靡朋友圈，测试者做完题目之后，得到有关自己左右脑年龄和分析的结果页。仔细看就能发现，分析文案其实还是在说测试者是一个什么样的人，帮助测试者认识自己。

你知道左右脑会像两个小人一样
分工合作，但你想过这两个小人
还有着不一样的年龄吗？左右脑
思维方式的不同，会导致各自的
年龄也不一样哦！快来测测你左
右脑的年龄吧！

开始

2.3
场景类

　　创作者提前设定一个场景，常见的场景有朋友圈、群聊、报纸和来电，H5 的内容将围绕这个场景展开，对于这样的 H5 我们可以将其归为场景类 H5。

　　在场景类 H5 中，经典案例 W 公司为大众点评制作的《这个陌生来电你敢接吗》模拟的是视频通话和来电；KARMA 颉摩广告为支付宝制作的《太误事报》模拟的是报纸；《我的穷人思维 VS 富人思维》模拟的是微信群聊。

用户被设定为故事的见证者或者参与者，他们的参与能推动 H5 剧情的展开，强烈的参与感和代入感非常讨好用户。

网易哒哒出品的《我的穷人思维 VS 富人思维》是一个以测试用户财商为主题、围绕微信聊天展开的测试 H5。用户会被拉进一个精准"扶贫群"，比尔·盖茨、巴菲特等 6 位商业精英将为用户测试财商。用户作为亲历者，能推动群聊的进程，也能观摩群里名人在群里聊天、斗嘴、抢红包的日常。当用户以为这只是一个测试的时候，突然出现网易公开课商学课程的广告，打得"看戏"的网友一个措手不及。

以上案例让用户有强代入的感觉，接下来是一个让用户产生强烈的参与感的场景化案例。

2018 年港珠澳大桥通车之际，网易新闻制作的 H5《一分钟漫游港珠澳大桥》引起了巨大反响。其突破了初代场景化 H5 对于场景的设定，将场景设定在港珠澳大桥，用户是即将漫游港珠澳大桥的游客，不仅可以开车通过大桥，还能拍下沿途的风景，给予用户身临其境的体验。

场景化 H5 能突破时空的限制，让用户见证或者参与到一桩不同寻常的事件中，代入感和参与感是其他 无法媲美的。这也正是它的讨巧之处。

2.4
个性化

个性化 H5 常见的玩法类型有 3 种：输入名字、上传照片和 DIY，最终生成一张具有用户个人特色的结果页。虽然测试和个性化 H5 最终生成的都是与用户紧密相关的结果，但是个性化 H5 没有测试题，相比起来它更像一个趣味游戏。

2.4.1 输入名字

用户输入名字便能得到一张个性化结果页，有道词典与《人民日报》合作推出的 H5《以你之名，守护汉字》则是这类玩法的典型案例。

如今人们提笔忘字，出于对汉字的保护，有道词典和《人民日报》创作了这支 H5。用户输入名字，H5 会自动匹配一个生僻字。结果页中有用户的名字和头像，以及被拯救的汉字和关于此汉字的介绍让用户与汉字之间产生联系。用户动动手指，就能拯救一个诞生于几千年前的汉字，分享到朋友圈能为自己添加一个热心公益的标签，用户回报率非常高。

输入名字的玩法，经常与抽签主题结合起来，比如《预见你的 2019》。《预见你的 2019》是网易哒哒在新年来临之际，创作的一款个性化新年签，用户输入姓名，姓名化作一颗上升的星星，用户长按静止的星星，屏幕下方会生成一个魔法阵，魔法阵缓缓放倒后，用户的新年签就会从魔法阵中出现。

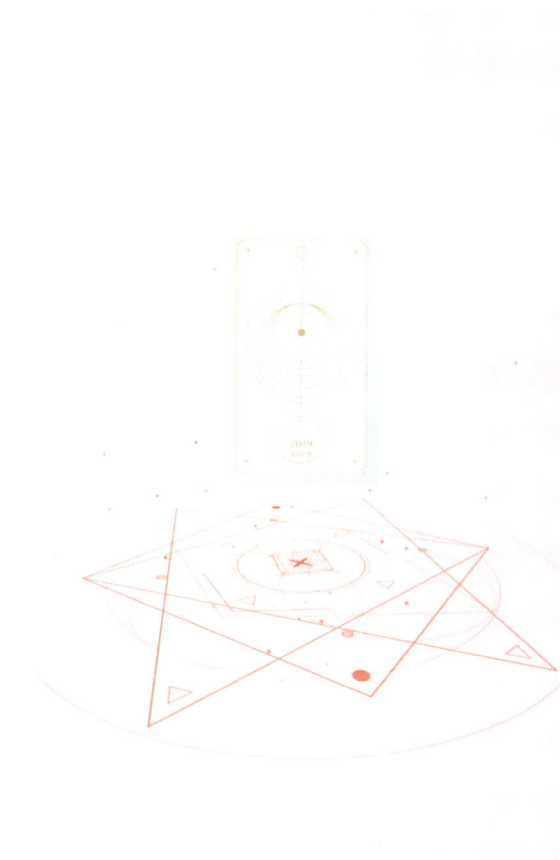

新年签的玩法比较常规，常见的是输入姓名然后生成结果页。《预见你的2019》特别注重"个性化"，如果只是"输入—生成"，那么用户与新年签的联系便只有名字，关联度太低。于是在H5中设置了交互，用户长按自己姓名变成的星星，激活魔法阵，魔法阵召唤出用户的新年签，一环套一环，目的就是加强用户与新年签的关联，让用户认为自己的新年签是与自己强相关的。

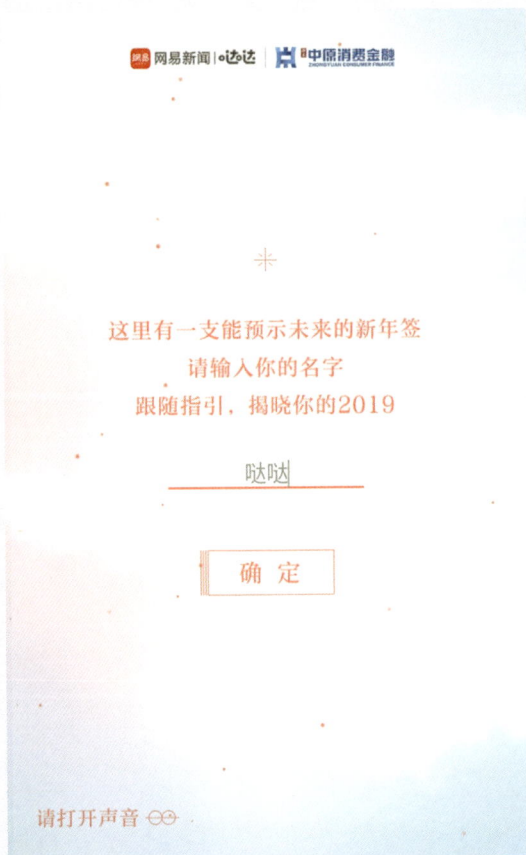

2.4.2 上传照片

上传照片有很多不同的玩法。常见的有上传图片，更换不同的有意思的模板。另外就是用户上传照片，H5 生成颜值的评估报告。

天天 P 图出品的 H5《我的前世青年照》属于上述前一种玩法。H5 事先准备多套民国风格的青年照片模板，在用户上传正脸自拍照后，使用人脸融合技术将用户的脸与照片模板融合，最后用户可以得到一张帅气或漂亮的民国风照片，就仿佛穿越时空一般。

　　上传照片更换模板的玩法一般会和热点或者节点相结合。《我的前世青年照》就是借势五四青年节，制作了多种服装风格的人物模板，用户上传照片选择模板，就可"穿越"到前世，生成穿着 20 世纪服装的人物照片。

　　上传照片的另一种玩法，可以看网易云另外一支受欢迎的 H5《刷个脸，用 AI 生成你的 12 位图与专属歌曲》。用户上传正脸自拍照，H5 使用 AI 技术读出用户脸部的数据，定位五官进行分析，最终生成一张用户脸部的专属分析和一首歌曲。

　　无论是人脸融合还是评估用户的颜值，这类 H5 的结果页都会通过美化用户的形象，帮助用户更好地展示自己，达到传播的目的。

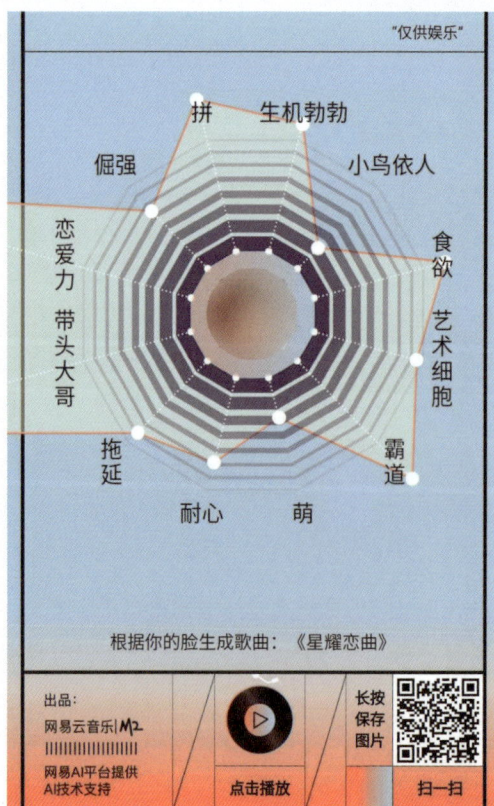

2.4.3　DIY

　　DIY 是个性化 H5 玩法中，最能发挥用户主观能动性的一种玩法。相比前两种玩法，DIY 的玩法是将用户设定为创作者，更能凸显用户的个性化。用户可以随意选择 H5 中提供的不同元素进行创作，H5 生成的结果页中包含了用户创作意图，独具个人特色。

　　DIY 类的最典型的案例是《睡姿大比拼》和《2019 我的新年 Flag》。《睡姿大比拼》是一个用户可以 360°控制人物摆出不同睡姿的 H5。除了可以摆睡姿，用户还可以随心所欲地更换卧室的风格和床上用品，极大地还原用户的生活。

《睡姿大比拼》的走红离不开用户自我展示的需求，让用户有晒的欲望，但是用户拍睡姿一方面是有难度，另一方面是很难拍得好看，而 H5 非常完美地满足了用户的需求。

《2019 我的新年 Flag》是一款供用户 DIY 的个性化 H5。在立 Flag 泛滥成灾的年底，一经推出很快走红。用户可以选择策划者事先准备的 Flag，也可以自己 DIY 想立的 Flag；立 Flag 环节结束后，用户可以为结果页选择不同的背景色和装饰物，最终生成一张有用户喜好和愿望的 Flag 清单。

上述两个案例，在满足大众潜在需求的同时，强调让用户发挥创造力，给予他们极致的个性化体验。《睡姿大比拼》并不是为用户提供几个睡姿模板，而是实打实地在技术上做了优化，人物的各个关节可以随意摆弄。《2019 我的新年 Flag》并非只是提供现成的 Flag 让用户选择，用户可以自己 DIY。给予用户极致的个性化，是策划 DIY 玩法时最需要注意的地方。

2.5
交互视频类

交互视频类的亮点是内容创意。由于视频都比较长,H5主要依靠视频来讲故事,如果不能第一时间抓住用户的眼球,用户就没有耐心继续看下去,所以刷屏的交互视频类H5在情节设置上具备悬念和搞笑的元素。H5用创意内容吸引用户,在体验的过程中用户的积极情绪,如开心、兴奋等被唤醒,用户感到兴奋时就会迫不及待地与他人分享。

在考拉海购出品的H5《入职第一天,网易爸爸教我学做人》中,猪你丫作为一名刚入职网易就要完成艰巨任务的新人,一边要应付总监,一边还要与几百名网红进行沟通。那么猪你丫究竟能不能处理好这些事情呢?用户抱着这种好奇心,一路看到了最后。

在网易《倩女幽魂》手游出品的 H5《葫芦娃大战丁磊》中，用户在书摊上看见一本《葫芦娃大战丁磊》的小人书，由于这种故事设定太反常规：两个不同次元的人竟然在同一时空混战，而且用户对这两位主角都非常熟悉。这种恶搞设定，也会引发用户的好奇心。

在神州专车出品的 H5《Michael 王今早赶飞机迟到了》中，通过第一视角看 Michael 王赶飞机。由于标题透露 Michael 王迟到了，用户抱着看好戏的好奇心态，想知道 Michael 王会不会被开除，一直看到最后的广告。

交互视频类 H5，重点在视频而非交互，这类 H5 的交互一般比较简单，因为视频无法跳过、快进，所以设置一些简单交互吸引用户的注意力。视频也不一定必须要有搞笑的成分，视频的创意是重中之重，由于搞笑的元素较为迎合用户的喜好，所以搞笑视频类 H5 偏多。

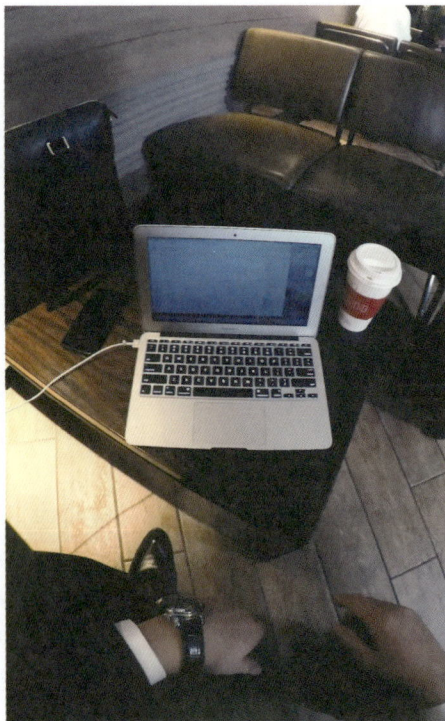

第三章

制作爆款H5的方法

爆款并不是靠运气,而是有迹可循的。选题可以说是做出爆款的最关键一步,如何去构思一个爆款选题,让你的H5赢在第一步呢?本章将结合爆款案例,详细讲述爆款选题的思考方法,同时也会为大家提供一些有助于激发创意的实用 Tips 和小游戏。

3.1
天生的爆款选题

3.1.1　覆盖人群量级

一支 H5 能否成为营销爆款，很大程度上是由选题决定的，而选题能否得到大多数用户的认可，一般是由选题覆盖人群的量级决定的。

选题覆盖人群的量级是指这个选题的潜在目标受众，也就是与选题内容强相关的一部分人群。比如，"教师节"选题的目标受众是教师，"纪念哈利·波特 20 周年"选题的目标受众当然就是《哈利·波特》的粉丝了。在这种情况下，假如你的选题能覆盖 1 000 万人，那么 PV 上 100 万的可能性比较高。反之，如果你的选题只能覆盖 10 万人，那么 PV 上 100 万就难于登天了。那么在做选题时，我们要怎样才能尽可能多地覆盖受众人群呢？

1. 借热点

热点是指在一定时期内，引发大量关注和讨论的热门事件、新闻或节点等。借热点相当于借东风，可以让你的 H5 吸引到更多该热点覆盖范围内的用户。然而，并不是所有的热点都适用于H5。由于 H5 制作时间长，相对来说，比较适合借用可以提前预见的热点和固定的周期性热点，比如节日热点和新闻事件热点。

节日热点的时间是固定的、可预测的，我们只需根据日历标记好相应的节日，提前做好计划即可。节点分为全民性的大节点和知名度不高的小节点，前者如情人节、春节、中秋节等，后者如世界哲学日、世界动物日等。全民性大节点由于关注人群多，适合与品牌营销的卖点结合，特别受广告主的青睐，比较适合做商业化 H5。其缺点是，这些节点是每年都会出营销花样的热点，虽然覆盖人群多，可用户对其的新鲜感不足，且往年的案例太多，很难玩出新意，各大品牌的扎堆营销也必然会导致分流严重的情况出现。所以，在众多营销 H5 中冲出重围，拔得流量头筹，也是一个非常有难度的挑战。

网易哒哒出品的《滑向童年》（应六一儿童节节点）、《爱的形状》（应情人节节点）都是应大节点而做的 H5。小节点虽然知名度不高，但是找对切入点更容易玩出新意，比如，网易哒哒在世界哲学日推出的《测测你的哲学气质》，用高级的哲学概念包装用户的高格调人设，最后也成功刷屏朋友圈。所以只要找准传播点，小节点也能实现逆风翻盘。需要注意的是，策划人员在选择节点时也应考虑受众的覆盖范围，比如"国际左撇子日"这个节点就不适合做大流量 H5。原因很简单，左撇子只占人口的 10%，目标用户群体数量过少，会严重影响 H5 的整体传播效果。

新闻事件热点多数是偶然事件，比如章莹颖失踪案，或出现频率不高的可预见性热点，比如世界杯、两会等。这种热点在刚出现时的关注度非常高，容易形成集群效应，但爆发时间不固定，往往事发突然，而且热度持续时间较短，要求我们快速反应，做出方案。然而短暂的执行周期会限制投入的资源体量，一般只能做一些轻量级的策划。

我是你喜欢的形状吗？

2. 借 IP

IP 本身吸引一定数量的粉丝群体，具备一定程度的社会影响力。对于 H5 内容而言，好的 IP 可以让你赢在起跑线上，因为一个超级大 IP 所覆盖的人群量级，不亚于任何一个节点或新闻热点。巧妙地借用 IP，能够在 H5 的关注度和话题度上起到事半功倍的效果。同时，熟悉的事物也容易勾起人们的情怀。

网易哒哒在 2016 年就曾经利用 IP 打造过几个现象级的爆款案例，比如《滑向童年》中有灌篮高手、名侦探柯南、哆啦 A 梦等几个童年动漫 IP，熟悉的动漫形象有种天然的亲切感，可以瞬间消除用户的戒备心，拉近与其的距离，将用户带回到当年看这些动漫时的场景中，同时也调动起这部动漫曾经带给用户的兴奋或悲伤的情感，用户情感的融入就是转发行为的一大动机。网易哒哒的另一个爆款案例《纪念哈利·波特 20 周年》，也同样用《哈利·波特》这个世界级的经典魔幻小说 IP，结合故事情节，为粉丝营造了新奇的魔法互动体验，最后成功地在朋友圈刷屏。

下一页

即使在最黑暗的日子里
幸福——也有迹可循
只要你记得打开一盏灯

But you know happiness can
be found even in the darkest
of times, when one only re-
members to turn on the light.

邓布利多
Dumbledore

3. 借网络热词

网络热词是指在微博、微信等社交媒体上火起来的热门话题或热门段子。

这些火起来的词是在社交传播媒介上验证过的，能够赢得大量用户关注的主题，较高的讨论度也证明它具有一定的群众基础。这些热词在被讨论的过程中，已经由用户衍生出许多有趣、有共鸣的内容，不需要我们在 H5 的内容上再做加法。

比如，网易哒哒出品的《中国式宽容：逃不掉的四字魔咒》就是根据在微博上火爆起来的热门话题——"中国式宽容"而制作的策划。该话题主要讲述在中国人传统的"忍"文化中，滋生出的许多令人无奈的生活现象，每句文案由简短的四字组成，每组两句，分别对应了 7 个生活场景。比如"毕竟长辈，为了你好"的场景：父母为了让你考高分，禁止你发展除学习外的爱好，你忍下这口气，安慰自己，这也是父母为了你好。"同学一场，算了算了"的场景：室友半夜在宿舍弹吉他或煲电话粥，吵得你不能入眠，你忍下这口气，劝说自己原谅他们吧，毕竟同学一场。"还是孩子，多大点事"的场景：熊孩子踢球撞到你，你忍下这口气，告诉自己，他还是个孩子，不要太过计较。H5 中的场景文案均取材自原话题中的内容，我们根据内容搭配了相应的场景，在丰富多彩的画面和交互体验中，也对主题的传播点起到了强化作用。该 H5 上线后反响十分好，引起了大量用户的共鸣。

3.1.2 理解圈层传播

1. 什么是"圈层"

"物以类聚，人以群分。"我们每个人都生活在不同的圈层里，"鄙视链"的概念也是不同圈层之间的反映。

北京人的微信朋友圈里，有很多北京人，这是地域圈层。

互联网从业者的微信朋友圈里，有很多互联网人，这是行业圈层。

武汉大学学生的微信朋友圈里，有很多武大学生，这是高校圈层。

在以往的传统媒体时代，所有的传播现象都基于一个传播中心，由这个中心扩散出去，它更多考虑所有用户的共性。然而，在如今的新媒体时代，这套招数已然失去了效力，"两微"平台及其他各大社交网络成为各种营销事件主要的传播阵地。因为，用户早已在社交网络中掌握了话语权，一个策划能否刷屏，不再取决于传播中心能够扩散给多少数量的用户，而在于第一批目标用户接收到讯息后，是否有意愿传播给下一批用户。也就是"用户→用户"的路径能否被打通，圈层传播就是突破这一关最有效的方式。

2. 圈层的传播套路

圈层可以基于地域、年龄、行业、兴趣建立。你的内容所覆盖的圈层人群有多大，能否让对应圈层的人感兴趣，并愿意分享，这是社交传播信息的关键。微信朋友圈作为一个连接器，将各个圈层的人连接起来，形成一个巨大的圈层，才有了信息在社交媒体上病毒式传播的魔力。

然而微信社交是熟人社交，不是兴趣社交。比如，军事内容是 PC 时代的重点品类内容，但在微信社交阅读时代，军事内容就不一定是高频高传播内容。一个军事迷的朋友圈，不一定会有很高比例的军事迷好友。你和你的微信好友可能相互熟悉，但是可能拥有完全不同的兴趣爱好。如果你属于互联网圈层，那么你的微信好友里面也一定会有大量的互联网人存在。

内容圈层狭窄，会导致传播受限制。但即便如此，一旦兴趣类内容有足够庞大的粉丝基础，并且也具备打破圈的传播能力，同样会产生该圈层的爆款内容。网易哒哒的每支爆款 H5 在策划之初，都会确定好某个特定的圈层。举例来讲，《制作你的饲养手册》聚焦"90 后"和"00 后"中喜欢萌物、自带少女心的年轻女性用户，为了打动这个圈层，开发者在文案内容中会用到许多凸显可爱的词汇，比如"小 jio jio""炸毛"等；在设计方面也会用小熊、鬼脸、长着可爱圆眼睛的食物等，去营造清新可爱的视觉氛围。这支 H5 在刷屏之后，开发者马上进行了数据复盘，发现"90 后"和"00 后"的年轻女性确实占到了最高比例，她们也确实更加倾向于选择可爱风格的选项，这说明最后的圈层群体和开发者预先构想的完全一致。打破一个圈层才有可能突破其他圈层，精准的圈层化主题帮助开发者打通了第一个目标圈层，当第一个圈层被冲破后，就会传播到下一个。圈层的突破也就是刷屏的开端，最后形成全网刷屏事件，也就水到渠成了。

爆款内容，一般不受圈层限制。但不受圈层限制的内容，出新意的难度也更大，想抓住不同类型的人的难度也大。

因此，通常来说，利用圈层理论策划选题的时候，最好从熟人社交考虑，这样成功率更高，风险更低。因为微信社交是熟人社交，所以微信是 H5 的主要社交传播阵地。但是也不能局限于此，对于具有足够庞大粉丝群基础的兴趣类选题，也一定要抓住。

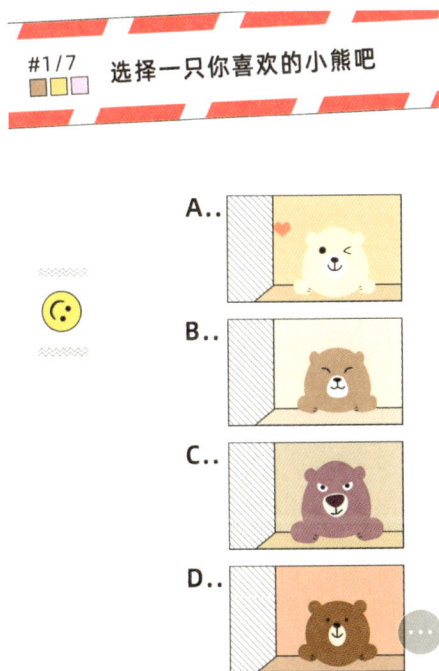

3.1.3 找到有趣的切入点

有趣性主要体现在一个词上，即"新意"。立意和角度的新颖有趣，可以使作品与众不同。针对同一主题，找到一个与常规思路不同或反其道而行的切入点，会达到意想不到的效果。另外，元素的碰撞组合、熟悉的事物陌生化也是使作品有新意的方法。

那么，怎样找到和常规思路不同的有趣切入点呢？

1. 反其道而行

在拿到一个选题方向时，先回忆以往的案例，在旧案例的基础上琢磨新突破点。比如，网易哒哒为2018年两会所做的H5《重返这五年》，通过长图滑动的形式梳理了我国5年来的可喜成就。在策划之初，我们回顾"两会"这个选题方向，发现以往的案例大多集中在当年两会的点上，围绕着当年两会的最新政策、最新事件动态进行延展。于是，我们想到，可以把这个点拉成一条线，以时间线梳理两会召开前5年中国发生的巨大变化，最后落脚在2018年的两会上，这样更能加深主题的升华。另外，一想到两会这个主题，大家很容易联想到一些过于严肃的视觉风格或极具教化意义的文案。为打破用户的固有印象，我们选取了黑、金、白3个单色混合的设计配色，以插画的形式带用户回忆5年来的具体大事记；文案以文艺的诗歌风格为主，令晦涩难懂的政治主题更易被传播。在同时期的两会H5中，《重返这五年》别具一格的风格给用户留下了深刻印象，也取得了不错的流量成绩。

2. 元素的碰撞组合

元素的碰撞组合也是创新的好方法，不同领域的元素结合在一起，碰撞出创意的火花并不鲜见，比如时尚界的颜色碰撞，曾经大火的各种穿越文中的古今元素碰撞。除此之外，中外元素、现实与虚拟元素等，都可以碰撞出有趣的创意。有时，两种对立元素恰恰是创意的黄金组合。

最典型的案例便是《娱乐圈画传》系列，该H5作为网易新闻年年必做的传统项目，从2015年开始已经出品了4个系列H5。它用戏谑的"图说"形式来盘点每年的娱乐圈大事件，虽然说的是现代娱乐圈的明星大事件，但它的场景、人物服饰和动作都采用古代风格，鹿晗、王宝强等家喻户晓的现代明星穿着古代的长衫长袍，摇着扇，演绎着以他们为主角的新闻事件。这种现代元素和古代元素的碰撞融合，创造出充满想象力的趣味性，打破常规，让用户眼前一亮，产生巨大的惊喜感。加上娱乐圈事件本身自带话题属性，最终在社交网络上大火也是在意料之中的。

3. 熟悉的事物陌生化

熟悉的事物陌生化，即新瓶装旧酒，用新的形式去诠释用户熟知的内容。熟悉的内容可以降低用户的认知门槛。另外，由于它本身带有用户的记忆和情感，在情绪唤醒方面占有先天优势。

全新的形式能够增强创意层面的体验，常常能打造出令人耳目一新的策划效果。比如《纪念哈利·波特20周年》，像是一支被施了魔法的H5，可以看到小说中的字符跳动，或被横冲直撞的金色飞贼撞击开来，还可以像哈利·波特一样，在魔法课程上练习咒语。用户也许都看过或读过《哈利·波特》，对这个故事十分熟悉，但他们一定没有亲身经历过书中的魔法世界。这支H5在追忆情怀的同时，又可以结合好玩、新颖的交互形式和好看的视觉设计，带给用户一场完美的新奇体验，从而大大增强了用户的参与感和共鸣感。用新颖有趣的形式把本来熟悉的魔法世界变得陌生，但却充满吸引力，这种将熟悉的事物陌生化的方法也不失为一种有趣的切入点。

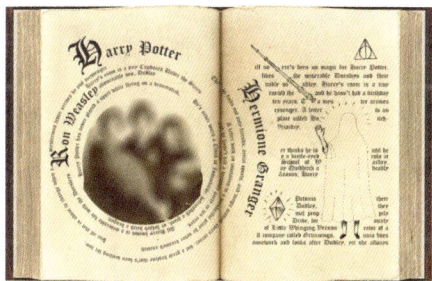

下一页

我一直很佩服你的勇气哈利，但有时候你也太傻了，你们需要我们。

I"ve always admired your courage Harry, but sometimes you can be really thick. You need us.

赫敏
Hermione

3.1.4 让你的内容"有用"

一个好的H5作品，要提供某种价值，使用户在欣赏后有获得感，并将获得感转化为转发动机。所以在确定选题时需要认真思考你的H5，能给用户带来什么？用户为什么要转发它？一般来说，有价值的H5至少能帮助用户完成以下3件事。

1. 帮助用户了解最新资讯（热点新闻事件、政府最新政策章程）

H5作为一个融合画面、音效、交互的载体，能够以新颖有趣的表现形式去诠释或梳理一些资讯信息，这类信息本身具有获得感。在给用户提供资讯的同时，也能使用户产生将这些资讯转发给其他人的想法，即将H5中的价值转化为用户帮助别人的自我价值感。比如，《失踪青年章莹颖》用了条漫H5的形式，配合音画，还原了章莹颖失踪案的始末。在观看体验上，其比纯文字的新闻报道更能吸引眼球，且具有现场感；在内容上，能够更加全面地梳理章莹颖失踪案的过程。对于这类新闻资讯型H5，用户在朋友圈分享它的动机之一，就是让好友了解新闻事件的细节以及最新进展。《失踪青年章莹颖》既帮助用户深入了解了章莹颖失踪案，也使他们获得了分享最新资讯的成就感。最终，这支H5获得了不错的流量成绩。

2. 帮助用户展示自我

用户在社交媒体上都有塑造自身积极形象、打造人设的需求，大家喜欢展示自己，也渴望被别人了解。因此，帮助用户更深入地探索自我、表达自我，是创造高转发率的必要前提。2017年的刷屏案例《睡姿大比拼》，就是网易哒哒以此为出发点，打造的一款互动游戏。每个人都有不同的睡姿，比如，性格安静的人在我们的常规认知里可能有很规矩的睡姿，但其也可能是反差萌的类型，拥有张牙舞爪的睡姿。睡姿从一定程度上反映了一个人的个性。除了睡姿，开发者还提供了 18 种睡衣款式和丰富的房间小物品，帮助用户展示自己的情感状态、兴趣爱好、个人风格等。比如，尖叫鸡、小猪佩奇能帮助用户打造幽默、搞笑的人设，薯片用来打造吃货人设，等等。《睡姿大比拼》以骨骼动画为技术支撑，可以实现四肢自由灵活地旋转，这使得个性化的睡姿定制得以实现，最大限度地帮助用户彰显了与众不同的自我。最后，用户当然乐意在朋友圈展示这样有趣的自己。

3. 帮助用户说出内心的话

在日常生活中，我们每个人都渴望通过表达自己的想法来影响他人，但并不是每个人都有强大的语言逻辑或知识储备，如果你的H5能够帮助用户说出心中所想，他们就会自愿转发你的H5。

比如《中国式宽容：逃不掉的四字魔咒》："毕竟长辈，为了你好""同学一场，算了算了""曾经爱过，原谅我吧""还是孩子，多大点事""初入职场，习惯就好""都是亲戚，能帮就帮""想开一点，都能过去"，用"四字箴言"调侃了生活、职场、爱情等几个中国式做人的场景。中国人在"忍"文化中长大，碍于情面，对伤害自己的人一忍再忍。这几句文案映射了大多数人在生活中常遇到的情境，人们心中有愤懑但不知如何言说。这支H5用漫画的形式替用户发泄不满，它获得转发，就是因为说出了用户内心的话，而且说得更漂亮："看看，快停止你们的中国式宽容吧！"

3.1.5 找准认同感

共鸣感其实就是你的内容跟用户产生的情感共振，人们倾向于转发和自己相关度高的东西，当你的 H5 能让用户发出"说的就是我！"、"我也经历过！"的感叹时就离成功不远了。这些感叹有一个共同点，就是"认可"，"认可"是产生共鸣感的前提。

那么，该怎样和用户产生共鸣呢？共鸣是自然反应，重要的是你的 H5 内容里有用户曾经经历过的场景，或用户曾经在特定情景下产生的情绪。人的情绪分很多种，其中，回忆情绪是最常出现一种唤醒情绪，也是最易产生共鸣的情绪，这就是为什么导演们喜欢贩卖回忆，它的核心是"怀旧"。比如前面提到过的《滑向童年》、《纪念哈利·波特 20 周年》，都是用大家熟悉的 IP 形象、音效、互动环节来重现当年曾被这些作品打动的情境，勾起怀旧情绪，从而引发一波情怀风潮。

总之，刷屏 H5 选题并不是拍拍脑袋就能随意想出来的，大多情况下，需要从上述谈到的几个角度出发去有目标、有战略性地构思选题方向。选错了方向，就好比行军布阵用错了兵法，牺牲再多的兵力和粮草也打不成胜仗。方向确定好了，接下来就要围绕这个方向去策划内容。在技术较难突破的情况下，如今的 H5 已经向内容型转变，好的内容直击用户内心，自带传播魔力，后面也将讲到策划内容的技巧。

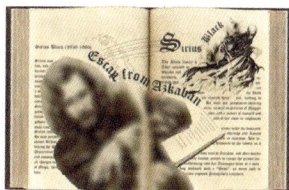

下一页

你要记住，所有真心爱我们的
人都会在我们的身边，他们永
远会陪伴着你，在你心中。

But know this, the ones that love us
never really leave us. And you can
always find them in here.

小天狼星
Sirius

3.2
激发创意的4种方法

3.2.1　广泛的素材积累

1. 创意是各种元素的重新组合

有创意不等于刷屏，但毫无创意的内容基本不可能获得刷屏。在创意诞生之前，我们先要搞明白什么是创意。詹姆斯·韦伯·扬在《产生创意的方法》一书中对创意的解释得到了比较普遍的认同，即"创意完全是各种要素的重新组合。广告中的创意，常是有着生活与事件'一般知识'的人士，对来自产品的'特定知识'加以新组合的结果"。我们也可以理解为创意就是旧元素的新组合，这里不是说创意只是各种元素的简单拼凑，单纯地做加法，而是说在已有元素的基础上，增加新的玩法，做出新的突破。

上述对于创意的定义同样适用于 H5。以网易哒哒出品的《滑向童年》H5 为例，这支用动漫回忆"90 后"童年的 H5，在当时收获了不错的口碑和流量。这支 H5 的创意可以从两个方向来分析，即内容创意组合和 H5 整体的创意组合。

在内容创意的组合方面，《滑向童年》用 5 部"90 后"经典动漫做载体，带领"90 后"追忆童年。"童年"元素可以和许多元素进行组合，比如"童年＋零食""童年＋动漫""童年＋游戏"等。《滑向童年》选择的排列组合就是"经典童年＋经典动漫"。《灌篮高手》和《名侦探柯南》这类经典动漫是"90 后"非常熟悉的作品，用它们来与"童年"这个大的主题进行组合，能够做到无缝衔接。H5 在刷屏后，很多用户在转发时都会感慨："这些就是我的童年啊！"说明这个内容创意组合也同样征服了用户。

在 H5 整体的创意组合方面，如果《滑向童年》采用静态页面的形式来展示 5 部动漫，那么是达不到当时的刷屏量级的。策划团队选用"视差＋长图交互"的形式，使用户可以自己控制滑动的速度，让其在观看自己所喜欢的动漫人物的同时产生互动体验。比如，在第一部动漫《灌篮高手》中，随着用户向上滑动，一排叠加的圆圈组成了篮球的形状，再向上滑，篮球落在剧中人物宫城良太的手中，然后一个接一个地传递到流川枫等人那里，最后又由宫城良太接过，用一个漂亮的扣篮动作结束了这一场景。在整个体验过程中，用户喜爱的那些人物在手指下慢慢滑出，伴随着高燃的主题曲《好想大声说爱你》，一下子将人拉回到第一次看《灌篮高手》的热血时刻。由于篇幅有限，其余 4 部动漫场景在此就不赘述了，读者可以登录"哒哒 H5 策划"的官方网站体验一番。H5 整体的创意组合是选用动漫做怀旧的载体 + 一镜到底的形式 + 酷炫的视觉。这样的创意组合之下，才有了当时的刷屏现象 。

2. 积累不同领域的素材

创意不是单纯地只靠想就能得到的，还需要大量的素材积累。一个涉猎广泛，兴趣、爱好多的 H5 策划人员，在接到命题时，其脑中能调动的元素，会比一个不爱看、不爱想、对外界讯息兴趣泛泛的策划人员多，这是肯定的。

以网易哒哒的刷屏级 H5《纪念哈利·波特 20 周年》为例，如果当时的策划团队中没有哈利·波特迷，那么这支 H5 的策划就不会这么精彩。所以策划人员对各类经典的文学作品、影视作品都需要去了解。"多读多看多思考"是对策划人员的基本要求。其实，每个策划人员都会有自己的"撒手锏"，也就是他的兴趣点。如果你对游戏感兴趣，那么可能会从游戏中得到灵感；对动漫感兴趣，也可以从动漫中找到启发。总之，创意过程是不断流动的过程，有时不是你找到创意，而是在积累的过程中，创意主动找到你。团队成员之间相互的思想碰撞对激发创意大有裨益，团队内的策划人员拥有不同的兴趣爱好，了解不同领域的知识，在面对选题时更容易发散出多种角度的创意想法，每个人想出的不同元素也会碰撞出好点子。正如前面所讲，创意是各种元素的重新组合，只有脑中积累的元素多了，能想到的组合才会多。

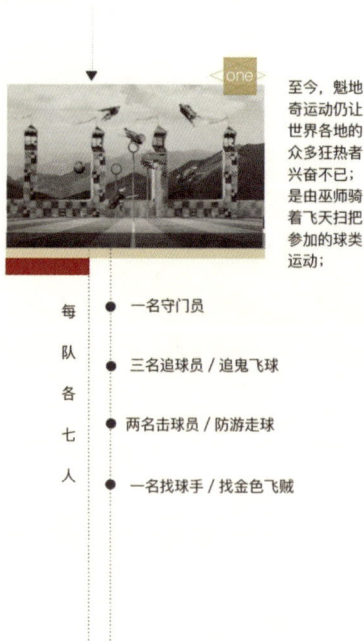

除了积累不同领域的素材，考虑到 H5 需要和热点结合，策划人员还需要多关注热点和流行趋势，如新闻、社会话题、热门 IP 等。这类素材可以从社交平台获取。大众关心的事情，都会在社交平台上发酵成热点和流行趋势。

例如，《75 天了，全世界都想找到她》用长图文介绍留学生章莹颖失踪的经过，这支 H5 的选题就来自当时备受关注的"章莹颖失踪案"。该 H5 的内容是将章莹颖事件的文字性新闻报道，编绘成具体的场景，尽可能真实地还原案发情况和当时的环境。在该 H5 中选取了新闻中的许多小细节，比如，章莹颖在到达美国后发了一条报平安的朋友圈："报个平安，已安顿好，是不是超美。"彼时的她尚未意识到危险临近，了解此案的用户读到这句话，联想到她后来的悲惨遭遇，也不由得唏嘘感叹。新闻的最大优势就在于真实性，"真实"是最能震撼人心的东西，该 H5 的创意核心就是从新闻中获取真实素材，再以创新性的互动形式展现出来。除了新闻领域，还有很多能给策划者提供灵感的有趣领域，比如微博的热搜榜就是一个很好的选题取材库，榜上的热门话题都是某段时间内用户感兴趣的点，非常具备群众基础。《中国式宽容：逃不掉的四字魔咒》的选题就是由此而来的。"中国式宽容"作为一种典型现状，是微博某一阶段的热门话题。在策划时，直接选取原话题内容，搭配具象化场景进行展示，并采用简单的横屏交互玩法，最终赢得了不错的口碑和流量。

　　另外，一个 H5 的策划人员不仅需要积累内容上的素材，还需要积累一些玩法、交互、设计、动效上的素材。在这方面，国内外游戏、国内外创意视频网站可以帮助策划人员积累玩法上的素材。比如，在情人节主题 H5《爱的形状》中，用户可以通过手指滑动，沿着正方形的虚线，将它切割为各个形状。这个玩法的创意启发就源自一款很受欢迎的游戏《水果武士》。在这个游戏中，用户可以用手指从各个方向切割水果。多浏览国内外设计网站，能帮助策划人员积累设计素材。策划人员对设计的了解程度不必达到专业的水准，但需要知道设计的几种基本风格，以及拥有主流的审美观。这不仅是为了方便与设计师沟通，同时也是为了在策划时能根据主题内容，提出大致的设计风格，并提前在脑中构想画面，对创意进行初步的具象化评估。在平常的积累过程中，策划人员可以建立一个素材库，把有用的素材分门别类地收集进去，并用文字标注好看到它时被启发的灵感。过一段时间，策划人员需要再把之前收集的素材翻出来看看。这时就会发现，第二遍观看时又有了不一样的想法，第三遍、第四遍同样如此。这种反复多次观看的方法，也可以帮助策划人员加强对每个素材的记忆。人的单次记忆毕竟是有限的，辛苦收集的素材如果被抛之脑后，就会失去意义。

3.2.2　否定之否定，保留最优项

否定之否定是唯物辩证法的基本规律之一，也称"肯定否定规律"。它的基本内涵是指事物的发展是通过它自身的辩证否定实现的，在这个过程中，事物的发展表现出周期性，即每一个事物的发展都是从肯定到否定，再由否定到新的否定，完成了一个周期。其中，否定之否定是过程的核心。这条规律放在构思 H5 的营销方案上来讲，就是要求策划人员对自己的创意保持"自我否定"和"自我怀疑"的态度。必须承认的是，我们受困于主观感知和自己有限的经历，所以我们的想法和认知在大部分时候和用户的期待是存在偏差的。想要避免这个偏差，最有效的办法就是在对创意的否定中去持续完善它。

"自我怀疑"和"自我否定"是一个非常痛苦的过程，这意味着策划人员需要把自己的观点不断推翻重来。在审视 H5 创意时，多问自己几个问题，"创意的目标受众是谁？""创意如何实现？""传播点是什么？"等。在审视 H5 的传播潜质时，要多去质疑，"用户为什么愿意转发这支 H5？""H5 的内容真的能打动用户吗？"

根据主题初次想到的创意，不一定能满足上述所列出的问题，或许只能满足一个或者两个。但我们不能说这个创意不行，正确的做法是保留有价值的创意，然后在它们的基础上延展和优化。这个做法可以理解成"取其精华，去其糟粕"，在精华的基础上继续向前发展。千万不要在创意阶段自嗨，要多自我审视，多咨询小伙伴们，根据反馈及时做调整。

比如在进行《她挣扎 48 小时后死去，无人知晓》这个公益 H5 的策划时，在策划阶段策划人员提出过很多版本的方案和想法，都在进行不断的否定和迭代。《她挣扎 48 小时后死去，无人知晓》讲述了一个动物保护主题的故事。在故事的开头，一个叫岚的女孩及其家人被一群野兽屠杀，经历一番挣扎后，她的父母和同胞被杀害，而她成了那片区域最后一个幸存者。正当用户为岚的悲惨遭遇而叹惋时，剧情突然反转，岚发出一问："如果我不是人类，而是一头蓝鲸，你还能感受到我的绝望吗？"原来，小女孩一家人是蓝鲸，而野兽才是人类。H5 在最后引出濒危动物当下的实际处境，用真实的数据唤醒用户的同情心，呼吁大家行动起来，重视对濒危动物的保护。其实，《她挣扎 48 小时后死去，无人知晓》的第一版脚本并未使用拟人、拟物的修辞手法，也没有运用反转情节，而是用正叙的方式，讲述蓝鲸一家在逃离污染海域的过程中被捕鲸人猎杀的故事。

初看脚本时，你可能会觉得这是一个完成度较高的故事脚本，没什么大的问题。然而，当我们用"否定之否定"的方法去评估它时，却发现了症结：首先，这支 H5 的传播点是通过故事来调动用户的同情心和愤怒感的，让其意识到自己有这份责任去转发 H5，呼吁人们保护濒危动物。那么，让用户产生这种责任感的最大动因，就是令他们意识到这件事与自己有关，但捕鲸人猎杀蓝鲸显然并不能达到这一目的。这种事情对大多数用户而言太遥远了，他们自己不是捕鲸人，也很少与捕鲸人接触。这会让他们产生一种想法："这事跟我有什么关系呢？我既没有去屠杀动物，也管不了那些渔民呀。"因此，为了让用户能够设身处地地体会到濒危动物的悲惨处境，我们决定将蓝鲸比作"人类"，让用户换位思考，在观看 H5 的过程中将自己代入"人类"这一角色中，亲身参与故事，从而令他们感受到使命感和责任感。

在对方案进行"否定之否定"评估的过程中，观点上的交锋是必需的，我们的团队成员经常会因支持不同的想法而进行激烈的辩论。但辩论并非争论，大家都不是为了展示吵架技术，而是要把自己为什么坚持这个想法，或者为什么要改变方案中某一点的原因都表达出来，同时也认真地听取别人坚持的原因，最终进行 PK，保留最优的选项。

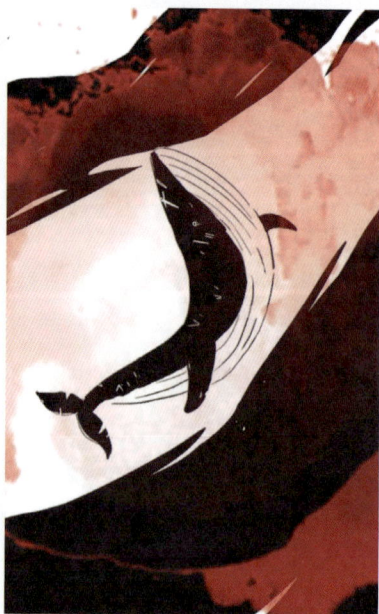

3.2.3 快速迭代，低成本试错

"快速迭代"是在 H5 营销中控制成本、提高成功率的有效方法。快速迭代是指开发轻量级 H5，而不是花大量时间和精力开发大型 H5。快速迭代的好处主要有如下两个：一是工期短，反馈及时，试错成本低；二是提高成功率。

1. 工期短，反馈及时，试错成本低

想要尝试一些新的玩法和主题，但是没有案例验证过其可行性，可以开发轻量级 H5 来验证市场。用开发一支重量级 H5 的工期，去开发几支轻量级 H5，在成本持平的情况下还能收获更多经验和教训，避开雷区，有的放矢。网易哒哒在业内被誉为测试类 H5 的"爆款制造机"，很多人会问为什么网易哒哒的测试 H5 做一个就火一个。其实，我们在前期积攒经验时，做了一定数量的轻量级测试类 H5，平均每个的工期仅为 2 周左右，目的就是投放到市场上观测用户反馈。通过这个方法，我们在短时间内总结出了可取的失败经验和打造爆款的方法。可以说，没有前面的那些试错，也就不会有后面的顺风顺水。

2. 提高成功率

H5 的缺点之一是因制作工期长而无法对热点进行及时的捕捉，但当社会上出现热点和热门 IP 时，我们可以用快速迭代开发轻量级 H5 来弥补这一点。借着热点这股"东风"，确实能大大提高作品的成功率。例如，网易哒哒的第一支测试类爆款 H5《解锁你的欢乐颂人设》，就是根据当时的热门电视剧《欢乐颂》制作的人格测试。大家都知道，追时下热门电视剧的最佳时间就是在其播出期间，因为那时是话题讨论度最高的时候。考虑到这一点，策划团队最终选用的玩法形式是简单的长图上滑、点击选择，以此来缩短设计和前端开发的执行时间，最终用 2 个星期赶制了出来。而它的流量成绩也让所有人始料未及，策划团队原本也以为这支有点"糙"的轻量级 H5 并不会在社交网络上刮起多大的风。然而，仅上线半天，《解锁你的欢乐颂人设》就收获了千万 PV。这也表明，刷屏在一定程度上与量级轻重的关系不大，即使画面没有那么精美，交互也不够酷炫，只要 H5 中的创意点和传播点能够打动用户，"短平快"的轻量级 H5 也一样能火爆网络。

NO.2 " 如果你被枪指着
要求你唱一首
你会唱什么？"

A Only you~
能伴我取西经~

B Single dog,single dog
single all the day

C 地有多厚 天有多高
地有多厚 天有多高

D 我家的表叔
数不清

E 咖喱咖喱轻轻一加，咖喱咖喱辣

NO.3

" 假如你准备睡了,曲筱绡约你
出去开party你会

3.2.4 两条创意思路激活你的大脑

当你在策划一支 H5 时，可以先想内容创意，再根据这个创意，匹配合适的玩法和交互形式。但内容创意想不出来时该怎么办呢？可以采用逆向思维，先构想玩法和交互形式，再往有意思的玩法中填充一个内容。这两条思路都可以帮助策划人员激发创意。

1.内容创意思路

当策划人员拿到命题想内容时，会遇到很多问题。其中一定会有一个难题，即如何用创意来升华 H5？创意是元素的组合，其实排列组合的方法也可以给我们提供一些灵感。只要你分析了近年的热门创意 H5，就会发现他们都会用到几种共同的方法，总结起来就是：形象化替代、特殊情景、制造反差。

（1）形象化替代

形象化替代的创意思路也就是善用"比喻""拟人"或"拟物"的手法。这些本是文学作品中常用的修辞手法，放在 H5 策划中，也就是用转化视角的方式去强化主题，即将甲的特征映射在乙的身上，用一个新的形象覆盖原有的个体，同时赋予乙一个新的意义。比喻和拟人都是如此，只不过赋予人的意义和赋予物的意义不同、描述的内容不同罢了。

网易哒哒的动物保护主题 H5《她挣扎 48 小时后死去，无人知晓》就是用了"拟人"和"拟物"的手法进行创作的。故事从小女孩岚的第一视角展开，她看到了原有的安稳生活被突如其来的野兽破坏，亲人和同胞被残忍杀害，寻求帮助却又无人回应，自己无能为力、绝望悲伤。直到故事最后，我们才得知岚其实是一只蓝鲸，它眼中的嗜血怪兽其实就是捕鲸人。如果故事不去做这种形象化替代，直接让一只蓝鲸来讲述故事，那么用户很容易觉得这是在讲一个与他们无关的虚构故事，难以产生共鸣。

我们把人类和蓝鲸的身份互换，优势有如下两点：第一，这可以设置一个带有强烈情绪调动力的反转情节，前后的反差带给用户巨大的震撼力，而在这种震撼情绪中的用户，看到后面的真实濒危动物数据，将产生更加深刻的内疚感，引发其对动物的同情和对捕杀动物之人的愤怒，从而达到强化内容主题的目的；第二，将蓝鲸比作人类，可以让用户设身处地去"换位思考"，即刀划在自己身上才会痛。只有当人类真正和动物互换身份，去经历它们所经历过的残忍之事时，才会理解动物的恐惧和无助，继而产生转发分享 H5 的想法，来呼吁人们保护动物。由此可见，形象化替代的方法能够让我们的内容创意变得生动、有灵性，制造出极具创新性的表达方式。此外，它也可以将抽象转化为具象，使内容与用户之间产生较强的互动，让主题更易被理解。

（2）特殊情景

如果用户已经习惯了假想世界观，那么不如直接建造一个特殊的真实场景。H5 可以在画面中设置一个特殊场景，让用户以第一或第三视角观看 H5。这种画面的展开可以调动用户的积极性，让用户有参与的仪式感。特殊情景的营造实际上是一支 H5 的软实力，能够提高用户对 H5 的体验感，贴合主题的情景也能起到强化 H5 传播点的作用。

在这方面实践比较成功的案例是网易云音乐的爆款测试《你的荣格心理原型》，策划人员使用日常微信聊天的形式，配上听上去略显神秘的音乐，打造占卜问卦的氛围。同时，一问一答的形式也拉近了和用户的距离。用户仿佛在和一个很懂他的心理学专业人士聊天，跟随着他的指引，一步一步完成测试。这种问答咨询的情景营造，不仅让用户产生代入感，沉浸其中，还让用户觉得测试比较专业，增加了用户对测试结果的信服感。

嗨! 👋

欢迎来寻找你的"人格的十二原型"

👏 👏 👏

这是依据"荣格心理学"的真实人格测试

在开始测试之前

你是否想了解一下心理学家荣格？

网易云音乐M2 x《第五人格》出品

了解一下　　　　　直接答题

（3）制造反差

制造反差，就是颠覆有刻板印象的人和事。例如，网易云音乐出品的《声色涌动，国风正潮》，让孙悟空唱打碟、诸葛亮弹琴，古风与现代元素结合，凸显强烈反差，让用户迅速记住角色。这支填色型 H5 在刚进入时，只有黑白线稿，色彩挂单，但上色之后，几位主角的动作和神情更加形象生动，让用户产生眼前一亮的感觉。在网易新闻和金典联合出品的案例《今年端午 我只 pick 金典奶香粽》中，让屈原叹气、唱 rap。虽然主角是一位古人，但他的举止和现代人无异，不仅不严肃，反而是个戏精。H5 有意营造反差萌，让用户产生惊喜，对故事内容充满期待。所以，有意营造反差萌，会让用户顿时有眼前一亮的感觉。

2. 玩法创意思路

如果你想用玩法创意思路，就需要先知道H5的几种常见玩法，主要包括：互动游戏、一镜到底、交互视频和测试等。用玩法的创意思路要求策划人员在交互上的创意，需要和 H5 表现的内容相匹配，先策划好一个有趣的玩法，再根据玩法匹配创意内容，填充画面。有些主题对内容限制较大，所以在进行 H5 创作时，要注意形式大于内容。

（1）互动游戏

这种玩法利用用户对游戏的好奇心，除了可以在朋友圈炫耀不同的游戏结果，还能够孜孜不倦地开发不同的玩法，且互动小游戏门槛低，容易操作，用户对游戏的认可度高。

下面以网易哒哒为情人节而做的《爱的不同定义》来举例。在策划时，创意人员先想到五点连线的玩法。五点连线可以创造出不同的图形，每个图形分别对应一个象征意义。在这种玩法构思的基础上，创意人员又进行了内容的发散，什么样的内容主题适合填充这种可以制造结果的玩法呢？答案可以是爱情。每个人对爱情的理解不同，甚至在不同的国家，爱情这个词也象征不一样的意义。因此，这支 H5 的内容就是让用户根据 5 个点去自由连线，并对其连出来的基础形状进行二次创作，原本简单的形状竟然可以变幻出恐龙、大树、小鸟等好看的图形，而每种图形又刚好对应不同语言中的爱情含义。比如"恐龙"对应俄语中的爱情含义："就像我身浴焰火中，因爱燃烧不止。"充满惊喜感的内容填充和有趣的玩法，自然让用户眼前一亮，提升了创意的高度。

北印度 • love

जुनून

轻触，换一种连接顺序
被爱疯狂俘获的你，几乎不能想任何事
除了与你共浴爱河的那个人

（2）一镜到底

在以往的玩法中，扁平化的 H5 内容新颖，但在视觉上缺乏大幅度的起伏。想要让 H5 看起来更有律动，就要分析一镜到底的玩法。一镜到底打破了手机空间的限制，画面跳跃有节奏，在视觉上有层次感；在画面上一气呵成，剧情连贯，有利于叙事。前面提到过的《娱乐圈画传》系列从 2016 年起，就开始使用一镜到底的形式，此后 3 年，玩法一直未变，只是每年会继续往这种玩法中填充新的内容。虽然"年更"连载时间间隔较长，但 H5 中加入了古风元素，与现代娱乐圈形成鲜明的元素碰撞，穿越感极强，容易被用户记住。另外，在剧情安排上，主要由娱乐圈热点事件决定，从年初看到年末，用一个 H5 就能串联整年大事。最巧妙的是，H5 用"画中画"的形式切换每段场景，将每段场景中毫无关系的明星、新闻连在一起。上一秒还是某情侣结婚，下一个画面就是一对明星离婚，画面之间的逻辑十分有趣。

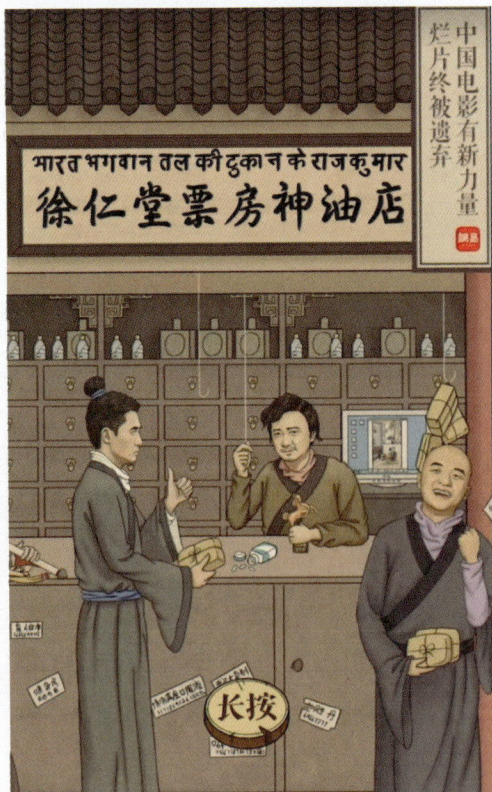

有人说，这种一镜到底的 H5 类似动态条漫。H5 在画面形式上类似条漫，但也有声音、交互等形态。所以，区别于只能"看"的条漫，一镜到底类 H5 一般会配上视差动画。视差动画是指让多层背景以不同的速度移动，在扁平的画面中加入运动图层，所呈现出的一种立体运动效果。例如，网易新闻和兴业银行联合出品的 H5《你想要的每个好，我们都努力做好》使用长图文形式倒叙银行发展的 30 年历史，部分画面移动轨迹与手指滑动相反，加入视差动画，逆向移动凸显时空差异。其中部分转场采用交叉移动的形式，让纵向浏览的画面多了些变化，将空间横向延伸到屏幕之外。例如，画面中多排数字 0 和 1 快速横向移动，时间从年初切换到半年后；从大楼上的画报中进入下一阶段，银行开始向全国发展，在玩法上也是非常有意思的。

2003年8月，凭借业内少有的自主研发能力，我上线本外币核心系统，自主科技知识产权为发展扬起了新的风帆。

（3）交互视频

视频类 H5 更直观，用户的参与门槛低，产生共鸣的可能性更大。但是，想让用户集中精力看完一个至少 3 分钟的视频，对用户的注意力要求其实比让其读完一篇文章更高。视频类 H5 的完播率也因此大多不理想，不过，对于一个好视频用户也绝不会错过。如果能让用户觉得"看了，值了""没有浪费时间"，那么这支 H5 成为爆款的可能性会更高。以剧情模式加互动游戏相结合的交互视频 H5，就极好地避免了纯视频 H5 陷入自嗨的尴尬，在吸引用户注意力的同时，使用户停留的时间得以增加。

如果你的创意路径是提前想好了视频的交互玩法，就需要用一些能够打动人的内容套路去填充这个视频。比如，网易哒哒和京东手机推出的视频 H5《以爱之名》就是采用以亲情类故事内容填充了横屏滑动的交互玩法，讲述了父母与子女之间的浓浓亲情。用户通过手指滑动的方式可以控制故事的播放，代表母亲的大球，一心一意地守护着代表孩子的小球，再现了我们每个人成长过程中都会经历的难忘场景：比如嫌弃父母的唠叨、因工作繁忙而忽略了对父母的关心等。整个故事随着用户的滑动流畅地表现出来。这支 H5 既发挥了视频的叙事优势，又能通过滑动的交互提升用户参与感，留住他们的注意力，走心的内容也赢得了不错的口碑。

（4）测试

测试类 H5 可以说是品牌营销界当之无愧的"宠儿"，自由灵活的测试内容方便对品牌进行软植入，个性化的测试结果和用户有强相关的联系，更能刺激用户去转发，被称为品牌营销中的"刷屏利器"。对用户来说，渴望了解自己的欲望是无法抗拒的，测试生成的海报又可以充当"我"的人格代言词，结果文案大多是好话，可以为用户提供社交货币或者美化其用户形象。用户分享后，可以在朋友圈任意地"凹"出完美人设。运势占卜、常识问答和趣味测试是测试类 H5 的 3 种主要类型。

网易云音乐出品的《你的荣格心理原型》就是测试类 H5 的刷屏代表。该 H5 是网易云音乐和网易游戏《第五人格》官方的一次联动合作，目的之一是推广第五人格游戏的品牌。该测试以"荣格心理"为主题设置了 6 道测试题，用户答题后能得到一张"内在人格"与"外在人格"的心理原型分析。多重人格测试的内容设定，既符合"第五人格"的品牌内涵，也迎合了一般用户对人格的理解：复杂的、多面的。这一类策划是典型的先有测试的玩法，再根据品牌的调性去填充创意内容。

总的来说，创意是无穷的，为了能产出创意组合，每位 H5 策划人员都应尽量让自己涉猎广泛，发展更多的兴趣爱好。创意本身就有一些反常规，因此策划人员在构思创意时应该不走寻常路，将内容和玩法两条创意思路并行，才能帮助自己打开思路。

3.3
心流理论营造沉浸式体验

3.3.1　心流理论是什么

在对 H5 爆款选题的评价原则中，很重要的一点就是，能否在短时间内吸引用户的注意力，并引导其继续浏览完内容。我们在策划 H5 时，会特别考虑作品的完播率，所以我们希望能将用户的注意力牢牢地吸引到 H5 上，并进一步激发其情绪共鸣和转发欲望。很多情况下，用户的每一步行动都是有动机的。我们可以利用的，就是让用户的无意识动机变得有意识。那么，如何达到这一目的呢？这就要用到一个关键的理论：心流理论。

心流的概念，最初源自心理学家米哈里·齐克森。他观察到攀岩者、作曲家、舞蹈家、下棋者几乎都会全神贯注地投入他们的工作中。当人们在做某些事情，进入全神贯注、投入忘我的状态时，就处于心流状态。在这种状态下，人们有可能感觉不到时间的存在，但会产生能量感和满足感。比如，下棋爱好者与高手过招、篮球运动员在锦标赛上争夺冠军，以及玩家在游戏的最后一关攻打"敌人"（俗称 boss），这三者的感觉都极为类似。

米哈里有一位商人朋友，在一次卖货时，他随口报出一个高价，买家没有犹豫直接掏钱付款，这位商人朋友却拒绝了交易。商人表示，他享受交易时讨价还价、双方都想占对方便宜的状态，如果买家什么都不考虑就直接购买，那么他会丧失乐趣。

米哈里将这个故事作为案例写进《心流：最优体验心理学》中。他总结出，有 8 种元素会让人们感到愉悦，一般人们在回想最积极的体验时，至少都会提及这些元素中的一项，有时甚至是全部。

（1）愉悦出现在我们面临一份可完成的工作时。

（2）对工作全神贯注。

（3）任务有明确的目标。

（4）获得即时的反馈。

（5）主动投身到行动之中，日常生活的忧虑和沮丧都因此一扫而空。

（6）充满乐趣的体验使人觉得能自由控制自己的行动。

（7）进入"忘我"状态，但心流体验告一段落后，自我感觉又会变得强烈。

（8）时间感会改变，几小时犹如几分钟，几分钟也可能变得像几小时那么漫长。

3.3.2 心流体验带来沉浸式体验

心流体验可以为用户营造出一种沉浸感，在这种理想状态下，用户的注意力是绝对集中的，更容易受到外界引导。如果 H5 能够让用户进入心流状态，那么他们会更加沉浸在画面、音乐、剧情中，从而对 H5 充满好感。

沉浸式体验包括人的感官体验和认知体验。感官体验较为常见，比如人们在进入鬼屋时，视觉上一片黑暗，潜意识里会感到陌生、恐惧。刺激感官可以让用户感到"爽"，进入心流状态，不过这种方式会受到环境的限制，不能长久维持下去。相比之下，认知体验带给用户的影响力更大，更容易让其沉浸于特定环境中。比如玩家在进行五子棋游戏时，需要动脑思考落子位置，注意力会全部集中在棋子和棋盘上，思路会延伸到对弈几个回合之外。这时在用户眼中，时间流速是缓慢的，现实时间却过得很快。这种充分调动感官，又能带来认知体验的方式，最容易让用户进入心流状态。

想进入沉浸式体验，还需要让用户的"能力"与"挑战"匹配。人们在玩一款游戏时，开局时往往比较简单，游戏会开启"教学模式"，帮助玩家迅速掌握"技能"。等到玩家熟悉游戏规则后，游戏难度会随着玩家等级的提升而增加。

　　米哈里于 1975 年提出过"心流通道"的概念，绘制出心流理论三区间模型。他认为，心流通道处在"挑战"与"技能"的平衡状态，如果玩家的技能值低，挑战难度很高，那么用户会陷入焦虑。相反，游戏玩法太简单，玩家技能较高，则会让玩家感到无聊。所以，只有当面临的挑战和掌握的技能相吻合时，才能让玩家进入心流状态，产生愉悦感。

　　1988 年，马西米尼对该模型进行了优化，提出八区间模型。他以挑战和技能分别为纵轴和横轴，将平面分为 8 个 45° 角的区域，在挑战和技能水平都很高的情况下，人们会进入心流状态。

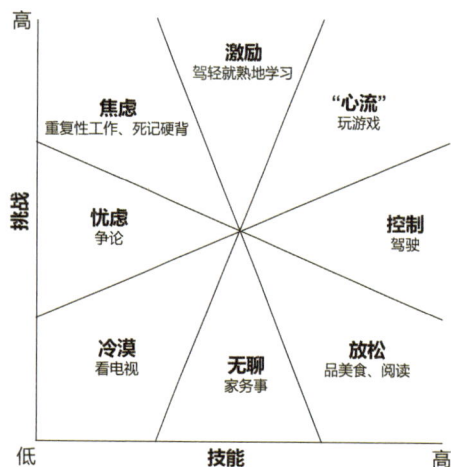

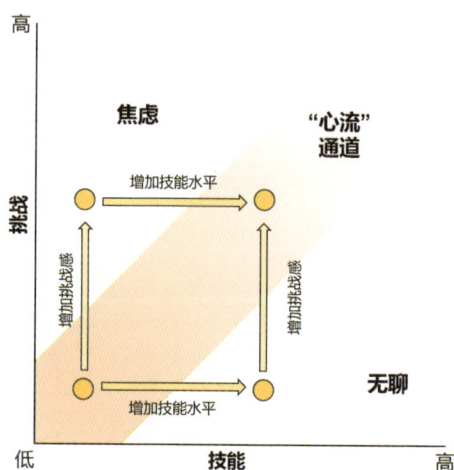

3.3.3　如何将心流理论融入H5中

明白了心流理论的概念，那么，我们该如何把它应用到 H5 中呢？

H5 在技术上可以实现"挑战"，在内容上可以赋予用户"技能"。让用户进入心流状态，就有可能提升 H5 的完播率。

1. 设置关卡，提升游戏难度

《我是一只快乐的羊驼》是一个游戏类 H5，玩法类似《超级玛丽》，需要用户按住左右移动箭头，控制"羊驼"行动。游戏不按正常套路出牌，在开始游戏选项上就挖坑"欺骗"用户。选项进入通道与常规游戏相反，"来吧"是返回，"还没"是开始。

　　虽然游戏玩法看起来熟悉，但机关设置完全和超级玛丽不一样，想要不碰到任何障碍就顺利通关，十分困难。这支 H5 把"挑战"和"技能"的平衡点把握得十分得当，一开始会让用户认为游戏很简单，但其实游戏的挑战难度远高于用户预期，用户很难一次性避开所有障碍物。每次碰到障碍"死亡"时，用户会更加小心地重新挑战，他们不会感到无聊或焦虑，反而会激起胜负欲。用户在满分完成挑战时，会充满信心，身心愉悦值也很高。

2. 把握节奏，提升 H5 可玩性

游戏类的 H5 可以激起用户的心流状态。除此之外，只要不让用户因太简单而感到无聊，或因太难而感到焦虑，形式简单的 H5 也可以让用户沉浸其中。《入职第一天，网易爸爸教我学做人》也是如此，该 H5 以职场新人的口吻，描述其入职第一天接到重要任务并想尽办法完成工作时的内心独白。该 H5 最大的亮点，就是口述部分。这一段节奏把握得很好，虽然出现的信息量较大，但符合用户的阅读速度，用户刚接收到信息，画面就会进行到下一个场景。这种快节奏的阅读方式，让用户的大脑没时间休息，但也不会因信息增量而无法吸收，由此可以进入一种高速阅读状态，也就是心流状态。

心流体验营造出的沉浸感，是对 H5 玩法体验的高要求。这种状态下的用户会全神贯注地进入 H5 中，在情感层面会唤醒用户的转发欲。H5 不需要在玩法上做得很炫酷，简单、好玩才是基础思路。付诸行动的前提是产生情感共鸣，专注内容才是刷屏的方法论。

3.4
激发创意的头脑风暴常玩的游戏

　　无论做什么样的 H5 营销策划，创意都是最重要的。一个靠优质创意内容取胜的 H5，最重要的是要构思新奇、有想象力。激发创意的方法，除了前面提到的几种关于内容和形式玩法的创意，我们还会在日常讨论中用到头脑风暴法。

　　俗话说"三个臭皮匠，赛过诸葛亮"，只有大家一起思考，其创意才是无限的。头脑风暴法是团队构思创意时最常用的方法，适用于对创意要求较高的 H5，并且它是一个群策群力的好方法。在实施时，一定要注意将所有的点子围绕现有的主题进行联想，切忌对主题过度发散，参与的成员表达自己的想法即可，尽量不要对其他成员的想法进行评论。

　　团队成员在开始头脑风暴前，一般会提前查找好资料，以便在开会时能够更好地交流。头脑风暴结束后，团队会选出满意度最高、可行性最强的点子作为创意方案。

　　网易哒哒的《英雄》是以环保为关键词进行创意联想的。先就展现形式进行发散，我们计划通过讲故事的方式，让用户感受到环境问题的严峻现状，激发个人的环保意识。因为故事是最能凭借内容去调动用户情感的形式。那么什么样的形式既能承载故事，又能和用户建立互动呢？我们选择了视差条漫 + 滑动的形式。条漫是天然的内容产品，能够兼顾画面和文案的总体呈现。接下来，故事的内容创意成了最大的难点，有团队成员建议做一个环保英雄拯救被污染的世界的故事，以英雄在此过程中的坚持和牺牲去感动用户。然而，英雄主题固然崇高，英雄拯救世界的故事套路却太过俗套，在内容上毫无惊喜感。很快，就有成员在这个故事的基础上提出新的意见："我们何不反套路而行？大家总以为英雄能拯救世界，可是，如果连超级英雄也无法拯救世界呢？"这让我们眼前一亮，随即确定了故事的主题：超级英雄无法拯救世界，每个人的觉醒才能拯救我们自己。我们想通过这个主题告诉用户：环境问题是由我们所有人共同制造的，每个人都应对环保贡献自己的力量。该 H5 上线后，很多用户被这个故事的内核打动了。创意的联想其实就是团队成员之间集思广益、层层递进的过程，当你的搭档提出一个不成熟的想法时，先不要急着去否定他，不妨先试试看能不能在这个想法的基础上进行优化。有时，某个成员随口一提的创意，很可能就能启发另一个人想到更完美的方案，团队头脑风暴的意义就在于互相弥补、启发，把看似不靠谱的创意变废为宝。

1.Brain writing

Brain writing 也被称为书面头脑风暴法，比起语言上的头脑风暴，它产出创意的效率更高，可以尽量保证每位成员积极参与，且不会被不同的观点扰乱思维。有些团队在进行头脑风暴时会像吵架一样闹得不可开交，所以高效的纸上头脑风暴法也是一个不错的选择。

Brain writing 需要把最初语言上的想法在纸条上用文字写下来，然后以匿名的形式传递给下一个人。接到纸条的人会对上一个人的问题或创意进行答复或修改。参与者一般会在开始时确定每轮修改创意的时间、次数和方向，如果超时，会议主持者会及时提醒大家继续传递纸条。

等到多轮传递结束后，会议主持者会对所收集的创意进行总结分析，挑选出有趣的创意继续优化，最终得到一个优质选题。

2. 白三角选题设定方法论

头脑风暴虽然可以帮助策划人员迅速获取灵感，但也存在一些问题，比如容易跑题、引发争论、产生惰性思维等。那么有没有什么办法可以帮助大家高效产出创意呢？这里介绍一种网易团队在开会时经常使用的方法：白三角笔记法。

日本创意总监小西利行在《了不起的未来笔记术》里，提到"白三角笔记法"。有人说，使用这种方法，可以在一个小时内快速获得 100 个创意！那么，这个方法究竟有什么样的魔力呢？

白三角笔记法由两个相对的三角形组成，一边写上与主题相关的内容，另一边写上目标用户喜欢的元素，再把这些词语进行重新排列组合，即可创造出新事物。这种配对方式很简单，不需要考虑两边词语的顺序，就能在一定范围内激发想象力。

这里需要注意一点，白三角中两两选择的词语必须要带来反差。两个截然不同的词语相互碰撞产生的"化学反应"，会让人眼前一亮。如果正推不能得到有趣的组合，那么可以换个思维，尝试倒推，先列出用户喜欢的元素，再寻找与之反差的主题。

这种方法的优点，就在于既保证了 H5 内容不会跑题，也能够最大限度地满足用户喜好。

3.思维导图法

如果你不喜欢像头脑风暴一样的多人讨论环节，也不想像白三角笔记法思考时一样被限定范围，那么可以试试绘制一份思维导图。

思维导图也被称为脑图，这种思考方法需要我们选择一个中央关键词，再由此发散思维，联想出多个不同构造和分类的想法，并用线连接起来。具体操作：可以先在一张纸的中央写上关键词，随后分出多条支线，把第一次联想到的事物写下来。在一级词汇写完后，可再延伸出二级词汇、三级词汇，最后形成的思维导图像礼花一样从一点向多方扩散。

写在每条支线上的词语可以包括文字、颜色、数字、节奏、意向、味道等。比如提到关键词"苹果"，我们可以想到红色、水果、坚硬、清香、圆形、植物、健康等。根据这几个词，还可以联想到红色 – 太阳、水果 – 吃、健康 – 运动、植物 – 环保，等等。

思维导图不仅可以用文字完成，还可以用图形绘制。绘画可以加上色彩、形状，有些无法用文字描述的感觉，也可以用图形表现出来。

一张写满的纸上，会发散出几十个关节点，将每条支线上的词语与中央关键词相关联，就能源源不断地产生新创意。

〔 第四章 〕

H5如何用文案"搞事情"

在市场追逐流量的当下，营销人必须善用所有能调动的工具，抓住用户宝贵的注意力，比如文案。用户在阅读文案时，虽然时间转瞬即逝，但大脑作为信息处理器实则在飞速运转，用户的喜好、常识、情感、经历能因文案活跃起来。可以说，文案是创作者与用户深度沟通的桥梁。好的文案，不仅可以吸引用户眼球，引导他们点击H5，还可以打动用户，与之产生共鸣。本章我们要了解的是如何用文案"搞事情"，总结撩动用户心弦的文案背后的规律。

4.1
看了就想点开的标题

在眼花缭乱的新媒体内容时代，用户的注意力同时被五花八门的内容吸引，赢得用户的高关注度变得越来越难，在这其中，标题扮演着非常关键的角色，它决定着用户会不会点击你的内容，一则有吸引力的标题对内容的传播可以起到强有力的推动作用，尤其对于以分享链接传播为主的H5而言更是如此。

4.1.1　违背常识

人们容易用惯性做事，我们在获得生活经验与受教育的过程中被灌输了既定的思维定式，违背常识的标题就是打破这种思维定式，让用户觉得惊讶、不可能。无论用户是否认同，这样的标题都会引起他们的疑惑，有疑惑便会产生想点进去一探究竟的好奇心。

比如，故宫食品出品的H5《朕收到一条来自你妈妈的微信》，这个信息量巨大的H5标题，由3个关键元素构成："朕""微信""你妈妈"。皇上和微信不可能存在于同一个时空，二者的碰撞引起了用户的疑惑，然而皇上收到的"微信"竟然来自"我妈"，原本风马牛不相及的皇上和用户产生了关联。标题利用打破时空的手法，违背常识，有利于激发用户的好奇心。

朕的御膳房

刀枪不入

百毒不侵

！

如果创作者想要在标题上违背常识，那么需要善于发现 H5 中可以使用的元素，并加以联想。2018 年年底，网易哒哒推出了 H5 作品《2019 我的新年 Flag》，在朋友圈的分享标题是《这是一个能提前进入 2019 的入口》，利用违背常识的手法吸引用户的注意。实际上，它只能让用户提前立下 2019 年的 Flag 清单。策划人员正是因为发现了 H5 在 2018 年和 2019 年之间的联系，所以将它联想成了提前进入 2019 年的入口。

4.1.2 借势

人们对有来头的东西总是格外留意，所以有时我们就可以在标题上用到借势。借助具有相当影响力的人、事、物等，让自己的策划在传播上更有力。在 H5 标题中，通常会借 IP、热点事件、名人的势，让标题增加分量，吸引用户的注意力。

IP 积累了大量粉丝群体，粉丝黏性高，一旦进入粉丝群体的视野，便能勾起他们的情怀或者兴趣。在网易《倩女幽魂》手游出品的案例《时隔三十年，葫芦娃再出毁童年新番》中，"葫芦娃"属于怀旧型的 IP。葫芦娃出新番对"90 后"来说，是一个重磅消息，新番竟然还"毁"童年，标题不仅用了 IP，还制造了悬念，对葫芦娃感兴趣的用户为了满足自己的好奇心，就会一探究竟。

热点，一般是指能够形成巨大影响力的新鲜的新闻事件或媒体报道，假如巧妙地在标题中使用它，就能够在H5的关注度和话题度上起到事半功倍的效果。但是只有热点仍然不够，还需要和其他手法叠加，增加标题的信息量。

网易新闻与新华社联合出品的H5《一分钟漫游港珠澳大桥》在港珠澳大桥通车之际上线。在前期，媒体铺天盖地的报道让港珠澳大桥的热度居高不下，因此"港珠澳大桥"具备了天然的热点属性。在通车之际，大部分用户没有机会去港珠澳大桥开车观光，当标题承诺能"一分钟漫游"港珠澳大桥时，出于好奇，用户就会点开 H5，满足其好奇心。标题用"热点 + 埋悬念"的方法，吸引了用户的注意。

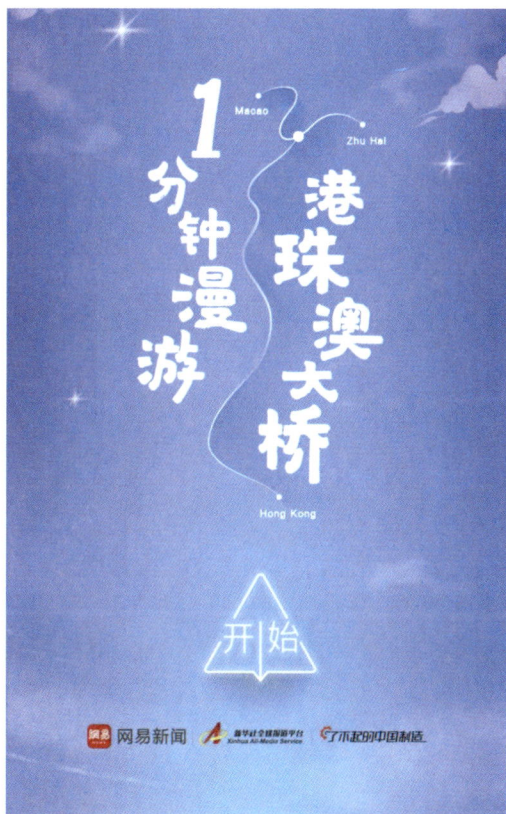

名人，天然地拥有人气和热度，在标题中出现名人的名字，就相当于自带曝光属性，例如腾讯出品的 H5《吴亦凡即将入伍？！》。吴亦凡是超人气艺人，粉丝群体自然对与他有关的内容非常感兴趣，但是 H5 并不能只覆盖吴亦凡的粉丝，还需要面向大众，所以在该 H5 的标题中使用了与实际不符的内容。在大众的认知中，吴亦凡正处于事业的巅峰期，怎么会突然入伍呢？无论用户是不是粉丝，当其看到这个与实际不符的消息时都会为之感到诧异，点开 H5 也是常理中的事。

4.1.3　制造悬念

创造者和用户之间存在天然的信息不对称，这时就可以利用用户对某一点的好奇，在标题中设置悬念，吸引他们的注意力。

例如，《她挣扎48小时后死去，无人知晓》《这是很多成年人不敢打开的童年》等。

在网易哒哒出品的动物保护主题H5《她挣扎48小时后死去，无人知晓》中，创作者有意用标题制造悬念。"她挣扎48小时"营造紧张的画面感，给予用户脑补的空间；"无人知晓"则负责加重程度，引起用户的好奇心。究竟是什么人间惨案，能让被害者死前挣扎两天，死后却无人知晓呢？埋下的悬念如同鱼钩一样，勾出用户的求知欲。

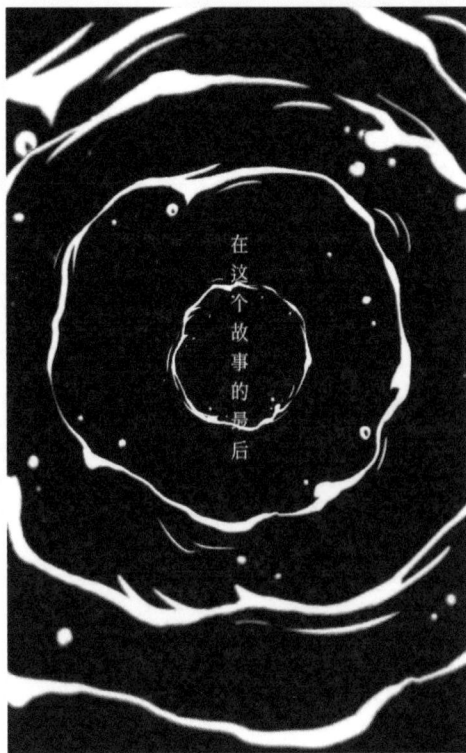

悬念有更高阶的玩法，那就是"悬念 + 激将"法。例如《这是很多成年人不敢打开的童年》，以一种十分笃定的口吻下定结论，那么成年用户会好奇："为什么我会不敢打开？难道是掌握了我的什么秘密吗？你说我不敢打开，我偏打开给你看！"悬念能够在用户的碎片时间里，抓住他们的眼球，是一种比较好的起标题的方法；激将法激起用户的逆反情绪，这种情绪可以直接作用于他们的行动，让标题的打开率更高。

大众点评的 H5《这个陌生来电你敢接吗》在标题的命名上，与上一个标题有异曲同工之处，激将法的痕迹更加明显。在此标题中，陌生来电是悬念，使用了反问的语气，挑衅用户不敢接这通陌生来电。标题挠得用户心痒痒："究竟是什么陌生来电，为什么我不敢接？"这个标题成功地吸引了用户的注意力，引起了用户的思考。

4.1.4　新奇陌生化

陌生化即打破常规标题的样式，制造新奇感。用户每天有意识或无意识地从朋友圈接收大量信息，只有当标题足够吸引用户、让他们控制不住要看你的内容时，他们才会停止下滑行为，转而看看你的 H5 要说什么。常见的标题中规中矩，以让用户一眼扫过迅速抓到重点为主，如果这时出现一个在形式上与众不同的标题，和其他标题形成强烈反差，那么用户的目光就会被吸引过来。

在《哈利·波特》20 周年纪念日，网易哒哒推出了相关主题的 H5，其分享标题《！开打法魔用能只章文篇这》新奇有趣，并且完美贴合《哈利·波特》的主题。用户的阅读习惯是从左往右读，但标题别出心裁地颠倒顺序，在形式上完全打破了用户的阅读习惯，吸引了用户的注意力；在内容上，利用"魔法"字眼，违背常识，引起用户的好奇心。标题将内容和形式融合得很好，是一个经典的案例。

网易哒哒

❗ **开 打 法 魔 用 能 只 章 文 篇 这**

1分钟前　删除　　　　　　　　　　　　　　　　• •

在《怂怂忍怂怂怂怂忍怂怂，还忍吗》中，忍和怂这对字形相近的字有韵律地重复出现，改变常规的做法，在视觉上比较扎眼，虽然用户第一眼并不能百分之百地知道标题的意思，但是只要抓住用户的注意力，标题就已经成功了一半。

网易哒哒

🤏 **怂怂忍怂怂怂怂忍怂怂，还忍吗**

1分钟前　删除　　　　　　　　　　　　　　　　• •

不过，需要注意的是，新奇陌生化的手法需要和其他手法结合起来使用。上述两个案例还分别用到了"打破常规"和"疑问句式"。

4.1.5 列数字吸引眼球

由于人类思维所具有的感知天性，标题在激发大众脑中的具象感知后，其脑中的视觉意象可以和标题中的文字意象建立联系，这样的联系更易被大众所接受。具象化的数据也可以给读者更直观、更量化的感受。

《98% 的人不敢打开的测试，结果过于真实》，用户一眼就会注意到数字"98%"，并且潜意识中认为自己是敢打开这个测试的 2% 的人，而当用户用行动去验证时，创作者的意图就达成了。

D 网易哒哒

98%的人不敢打开的测试，结果过于真实

2分钟前   删除   · ·

网易哒哒和学而思网校推出的母亲节 H5，分享标题是《把时光快进 3285000 倍后，我读懂了妈妈》。母亲节期间上线的 H5 不少，标题是争夺用户注意力的主力军，用户在接触到这个标题时，会好奇，为什么把时光快进这么多倍才能读懂妈妈呢？用户的注意力都聚焦在数字"3285000"上了。

D 网易哒哒

把时光快进3285000倍后，我读懂了妈妈

1分钟前   删除   · ·

《75 天了，全世界都想找到她》，有关章莹颖案件，网易哒哒制作了这支 H5，但是并没有强调受害者的名字，而是突出了失踪天数。案件发生后，章莹颖的名字集中涌现，用户实际上已经产生了信息疲劳。在标题中，"全世界都想找到她"埋下悬念，并突出了数字"75"，直观地让用户有一种不祥的预感。用户好奇又担忧——她究竟是谁，为什么失踪了这么长时间？ 标题的数字并不是固定的，会自动更新失踪天数。这意味着，用户每隔一段时间打开，都会面对一个新的标题。这样的设定比较有新意。

网易哒哒

778天了，全世界都想找到她

3分钟前　删除

4.1.6　疑问句式引发好奇心

疑问句式具有先声夺人的特点，能吸引用户思考并产生寻找答案的好奇心，相比普通、平实的陈述句，疑问句式能更快地获得用户的关注。

在网易云音乐和三枪联合出品的 H5《咦，里面发生了什么？》中，标题仿佛在和用户对话，里面好像有什么动静，我们不妨点进去看看，但是至于究竟发生了什么没有人知道。标题使用的疑问句式透露出来的不确定性，让用户一头雾水，巧妙地勾起用户的好奇心和窥探欲。

网易哒哒

咦，里面发生了什么？

1分钟前　删除

在《欢乐颂里，哪个有你的影子？》中，标题用到了借势和疑问句，所以其让用户想点开的欲望更加强烈。《欢乐颂》是 2017 年的热门 IP，剧中每位角色个性鲜明，该标题非常直白地问用户，这就会引起用户思考："我会是剧中的谁呢？"为了得到答案，用户一定会点击 H5，找到自己在《欢乐颂》中的影子。

网易哒哒

🔗　欢乐颂里，哪个有你的影子？

1分钟前　删除　　　　　　　　　　　　　　　　　　• •

网易哒哒和一汽马自达联合出品的《2019，在哪儿过年？》是春节前夕上线的 H5，"有钱没钱回家过年"是中国人根深蒂固的观念，但是随着经济水平的提高，过年的大本营已经从家变成世界各地。标题简短却富有内涵，把问题丢给用户，引发用户思考：今年去哪里过年呢？

网易哒哒

2019，在哪儿过年？

1分钟前　删除　　　　　　　　　　　　　　　　　　• •

4.2
写出引起共鸣的走心文案

4.2.1　确定选题

　　H5 是一种富媒体形态，是由图片、动效、音乐、文案等多种元素组合而成的产物，每部分都需要互相配合，形成统一的调性。所以，其需要明确主题，框定文案风格。

　　例如，网易哒哒推出的六一儿童节专题策划《这是很多成年人不敢打开的童年》，主题是童年怀旧，在内容上，创作者选择用怀旧动漫引发用户的共鸣。该 H5 发出后，在社交媒体上收获了很高的口碑，不少用户表示，陪伴自己长大的动漫人物在熟悉的背景音乐中登场，顿时让他们感到又回到了以前守在电视机前的时光，感觉燃爆了。这种反馈正说明该 H5 中各部分都很好地唤醒了用户的"怀旧情绪"。

　　在该 H5 中，文案风格的定位是抒情和励志，创作者特地引用了动漫中主角的经典台词，唤醒用户的记忆。不仅如此，还对每部动漫进行升华式的总结，用力戳用户的泪点，例如以下的《灌篮高手》篇和《哆啦 A 梦》篇的文案。

　　《灌篮高手》篇文案示例：

　　从梦开始的地方

　　直至世界尽头

　　都不可以放弃打篮球

　　"教练，我想打篮球"

　　《哆啦 A 梦》篇文案示例：

　　神奇口袋里满是梦想

　　和你在一起

　　所有烦恼都会遗忘

　　"哆啦 A 梦"

　　"真拿你没办法"

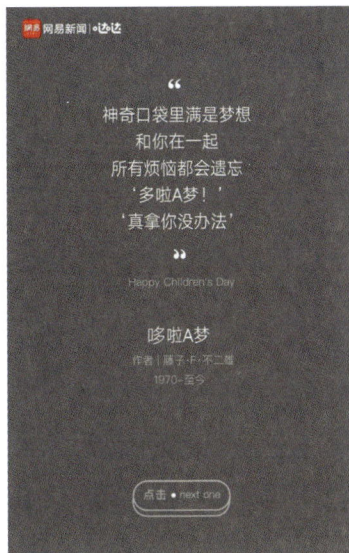

4.2.2　创造共鸣

是否可以和用户产生共鸣，是判断一篇文案好坏的重要衡量指标。那么，究竟什么是共鸣文案呢？又该如何写出共鸣文案呢？

创造共鸣的第一步：寻找共鸣。

用户对什么样的情感有共鸣？可能是曾经有过的经历被唤醒。举例来讲，我们在成长过程中都会有很多相似的情感经历：彷徨、失落、孤独、受挫、被否定、走弯路等。比如网易哒哒推出的《独生子女的木偶人生》。

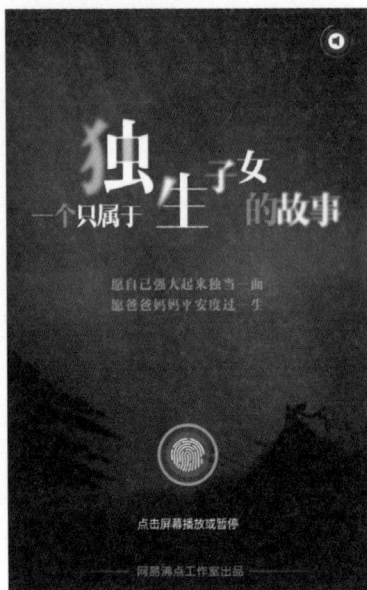

《独生子女的木偶人生》文案示例：

我小的时候爸妈经常外出

留我一个人在家

我坐上秋千

躲进自己的世界

直到天色一点点变暗

……

读书赶上扩招，毕业不再分配

我等候了一整个青春，却一直都在错过

离开校园的那一刻

我在人山人海的求职大军里

挤得头破血流

……

是不是一下子就能让身为独生子女的你，回忆起自己的成长经历呢？小时候，一个人玩耍的孤独童年；长大了，费尽力气找工作的艰难时光。这些是一代独生子女的共同经历，文案通过相似情境的营造，把用户代入从前经历的点滴中，让用户觉得这就是在讲述自己的经历。

创造共鸣的第二步：合理化其行为。

我们每个人都渴望有一群支持自己的同伴。有时候即使自己做错了，我们也希望能有人理解自己的感受，为自己说话。共鸣文案要做的就是合理化用户的各种行为，拉近与用户之间的距离，给用户一种"你懂我"的感受。

再回到上述《独生子女的木偶人生》的例子，文案描述独生子女的孤独感，写道："我小的时候，爸妈经常外出，留我一个人在家……"也就是说，文案替独生子女说话：我们孤独并不是因为自己不善于社交，而是因为小时候的成长环境影响了成年后的心境。另外，独生子女这一代找工作特别艰难，真的是因为自身的能力问题吗？文案为他们代言："读书赶上扩招，毕业不再分配。"也就是说，大学生多如牛毛，在人才市场已经饱和的情况下，再找工作当然就艰难了。最后，它为身负重压的独生子女喊出心声："人生这么长，请给我们一点惊喜与期待！"

H5 站在用户的角度为他们说话，而且说得很精彩，用户当然会考虑转发。

2017 年年末，网易云音乐的年终歌单盘点《2017，你的听歌日记》刷爆朋友圈，大众纷纷在朋友圈转发自己的听歌文案，并配上转发语："还是网易云音乐最懂我！"网易云音乐凭借其走心文案，在众多的年终大数据盘点中独占鳌头，那么它的文案是怎样引起共鸣的呢?

比如，说到用户喜爱的歌曲，某知名音乐播放器这样总结："你最爱听粤语流行，共播放230次，偶尔也喜欢国语民谣，共播放 87 次。"

网易云音乐却这样形容："8 月 21 日，大概是很特别的一天，这一天，你把 ××× 反复听了 51 次。"

前者是单一的数据梳理，而后者则是"数据 + 情感"的联结，用户会不自觉地想：8 月 21日那天发生了什么特别的事情来着？我那天为什么要把这首歌听 51 次？这句文字的目的是再现相似情境，并成功地使用户特定的记忆被唤醒，陷入对那天的回忆与怀旧中，实现情感共鸣。

同理，"这一年，你有 33 天，在深夜 12 点后，仍沉浸在音乐世界"，读完这句你是不是也会情不自禁地回忆起那 33 个与音乐为伴的难眠之夜呢？网易云音乐的文案，用情绪调动的方法连接用户记忆，引发共鸣，用大数据读懂了"人心"，成功地席卷了朋友圈。

网易云音乐的文案示例：
① 你热衷的风格成谜，你热爱分享，评论区里藏着你的许多回忆。
② 8 月 21 日，大概是很特别的一天，这一天，你把 ××× 反复听了 51 次。
③ 这一年，你有 33 天，在深夜 12 点后，仍沉浸在音乐世界。
④ 这一年，有 21 天，你都在听 ×××，在所有旋律中，你对这首歌最专一。
⑤ 还记得 ××× 吗？你曾经很喜欢，但你最近好像把它遗忘了……

2017，你在网易云音乐听到最多的歌词是

岁月

12次

谁的岁月 已成灰
—群星《墨泪》

所以藏剑沉淀了岁月流年
—群星《依山观澜(无念白)》

归途流离 谁寥落 我轻呵 岁月太单薄
—司夏《化鹤归》

把岁月铺成红毯
—林俊杰《一眼万年》

某知名音乐播放器的文案示例：

① 你最爱听粤语流行歌曲，共播放 230 次，偶尔也喜欢国语民谣，共播放 87 次。

② 102 位歌手为你歌唱，N0.1 陈奕迅，为你歌唱 73 次。

③ 感受温暖相遇，发现最合拍好友，你和 ××× 的口味相似度为 71%。

4.2.3　简单易懂

文案是传达 H5 内容主旨的媒介，帮助用户更清晰地掌握 H5 内容，能让用户读懂你在说什么，这是首要的要求。那么，怎样写出简单易懂的文案呢？

所谓简单易懂，就是把话说清楚。可以先来看看在日常生活中，我们是通过什么方法把话表达清楚的。

第一，做类比。

我们在表达一个新买的坐垫很舒服的时候，通常会这样说："坐在这个垫子上就像坐在一块棉花上一样，特别舒服。"直接说垫子舒服很难让人体会到你所说的舒适感，毕竟和你对话的人并没有像你一样坐过那个垫子，把"舒服"这种抽象的形容词和"棉花"这种具体的名词相类比，你的语言就会立刻变得有立体感。

比如，《制作你的饲养手册》文案：

××被吵醒时会炸毛①，请注意安全

××对一切可食用的东西都想咬一口

××在饥饿状态下有抢食行为，请注意保护你的食物

---

①炸毛：方言。指发脾气、发怒。

文案把人格与动物习性相类比，把抽象的人格变成精确而具体的描述，区别于用大量形容词的传统人格描述，新颖有趣且易懂。

第二，场景化打造。

把文案和具体场景联结，也能让人迅速读懂你的用意。

比如，故宫食品出品的 H5《朕收到一条来自你妈妈的微信》文案：
奉天承运，皇帝诏曰
朕最近心情不佳
"打农药"①微信总弹窗
段位一直掉掉掉掉
烦死朕了
朕实在控记不住记几
点开一看
朕收到了你妈的微信
让你中秋回家吃月饼
因此，朕就给你批个长假
回家过节
反正带不回对象
那就带回朕的心意
……

---

① 打农药：网络流行词，指玩一款《王者荣耀》的手机游戏。

该 H5 是为故宫食品"朕的心意"所做的广告，它打破了人们对故宫庄严肃穆的刻板印象，文案整体风格诙谐幽默，前面营造了一个酷爱"打农药"，却被妈妈的微信弹窗搞掉段位而生气的傲娇皇帝形象，让人不自觉地代入其中，从而进入故事场景中，想看看"你妈妈"究竟给"朕"发了什么信息。于是，后面的文案自然而然地衔接微信内容：让你回家吃月饼。引出主题后，提供解决方案：反正带不回对象，那就带回朕的心意。这样的场景化文案比起单调地打广告，更让人印象深刻。该 H5 火了之后，只要提起故宫食品，大众就会想起此文案中这个傲娇、有着反差萌的皇帝，是如何在收到妈妈的一条微信后而引发一系列搞笑事情的。场景化的打造，容易让用户通过有趣或有共鸣的场景，记住你的 H5 主题。

4.2.4　有自己的价值观

文案传递的概念不能模棱两可，须紧扣H5主题，讲明"是"或"不是"，表达自己的态度和看法。影响用户的是你所传递的价值观，而非空洞无用的形容词和黑白不清的看法。

例如，网易哒哒在应"2·14"情人节制作的《爱的形状》中强调的价值观是珍惜自己，别为了爱情削足适履。因此，这支H5的故事情节、文案、画面、动效都贴合此主题。故事情节展现了方块是怎样一步步为爱迷失自我、改变形状的，在做回自己后又重获真爱。文案根据剧情的变化来传递世界观，显示方块在每一个变化阶段的心路历程，结尾文案点明主题：走完每个曲折路口，我们才会懂爱是什么。灰白设计风格凸显主题的情感气质；每一帧的动效，如心形在遭到拒绝后燃烧起火等，都在凸显该H5的价值观：削足适履的爱，往往会以伤害自己而告终。

走完 / 每个曲折路口
我们才会懂 / 爱　是什么

创意启发：vimeo [CUBE]

重温爱 × 传递爱

　　网易哒哒制作的另一支爱情主题的 H5《先找自己再找爱》，态度更加明确，从标题中就能看出策划人员想要传递的态度：不要因爱情而迷失了自己。H5 围绕自由、留恋、坚强、放下和蜕变 5 个关键词，讲述在爱情中寻找自己的心路历程。爱情是高级的主题，黑、白、灰的经典搭配，点缀鲜艳的红色，使该 H5 整体看起来非常有质感。

打开电视　就是现场

InFocus

自由

把自由卖给爱情之前

多留点时间

走走弯路

看看人间

以《先找自己再找爱》的文案为例,感情不将就是当下年轻人的爱情观,与其在一起相互折磨,不如放手各奔前程。文案用朦胧诗的形式展现出这样的爱情观,配合着具有象征意义的画面——主角将两人热恋的见证一把火烧掉,意味着放手,足够让用户产生共鸣。

《先找自己再找爱·放下》
若感情变得千疮百孔
在围城中将就
不如在烈焰中放手

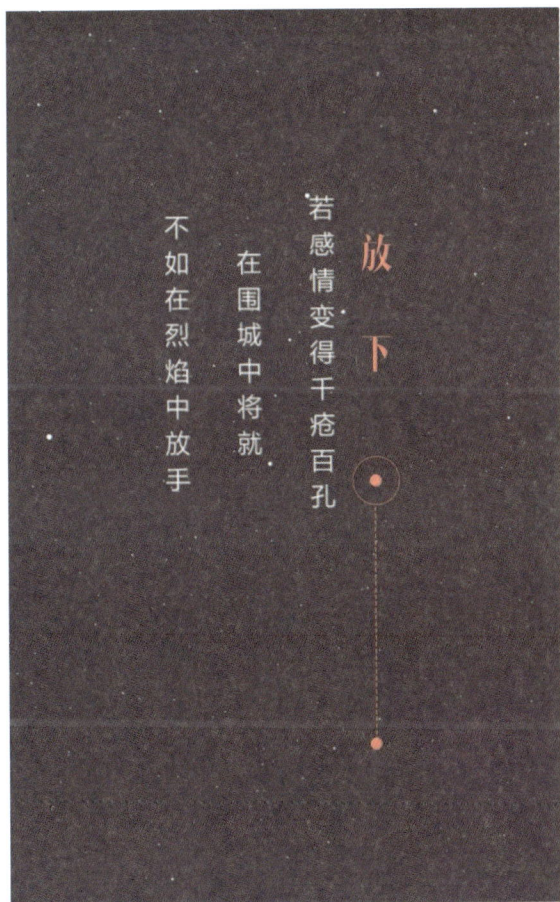

4.3
什么样的内容能打动用户

4.3.1　社交货币: 能给用户提供谈资、能给用户提供炫耀资本

1. 给用户提供谈资

我们在日常社交中经常会发现，如果对某些话题不了解，就和别人聊不下去，仿佛被整个世界抛弃了一样。比如电影《我不是药神》火爆时，大众都在关注"药神"事件，一些没有看过这部电影的人也争相转发相关文章，因为转发这样的内容表示他们参与了这个话题，可以给他们提供社交必需的谈资。

H5同样也是如此。网易新闻连续多年推出年终总结《娱乐圈画传》系列，盘点在娱乐圈出现的超级热点，为大众提供谈资，引起大众对旧闻新一轮的热议；网易新闻与新华社联合出品的H5《一分钟漫游港珠澳大桥》让用户在港珠澳大桥通车之际，打破时空，"浏览"大桥沿途的风景，让大众参与到新闻事件中来。

2. 给用户提供炫耀的资本

（1）塑造形象

社交网络分享的本质是"晒"，帮助用户得到"炫耀性利益"很重要。用户在社交网络中的逐利，是精神层次的，他们喜欢给自己贴"正向"标签，塑造良好的个人形象。从这个意义来讲，显得他们很厉害、很个性、很有趣的内容会更容易被自发分享。比如《睡姿大比拼》通过还原用户睡姿、睡衣样式和房间小物品来帮助用户晒出自己的个性风格和有趣可爱的一面，简单、低门槛的操作，却使用户得到了较高价值的炫耀性利益，该 H5 最终理所当然地占领了朋友圈。

（2）攀比性

利用攀比心理刺激用户的转发欲是常用的传播手段，在H5策划中，能够获得大量转发的作品通常可以给用户带来以下两点攀比利益。

① 证明自己是一个优秀的人或有潜力成为优秀的人。性格测试、幸运签、打卡类活动或成就比分，是形成这类攀比的最佳利器。我们在策划《测测你是欢乐颂里的谁》时就考虑到攀比心理的传播魔力，将原剧中个性鲜明的人物原型做成人设文案，列举用户和其中某个人设相似的优秀一面，并加入百分比的形式，形成数字攀比。

哲学是一个高深神秘的主题，不在大众的兴趣范畴内，但是大众都认可哲学与生俱来的高格调。测试 H5《测测你的哲学气质》的结果文案，融合了人格和哲学，将哲学主义人格化，将哲学主义的高格调转移至用户身上，既给了用户认识自己的机会，也为用户提供了对外炫耀的资本。

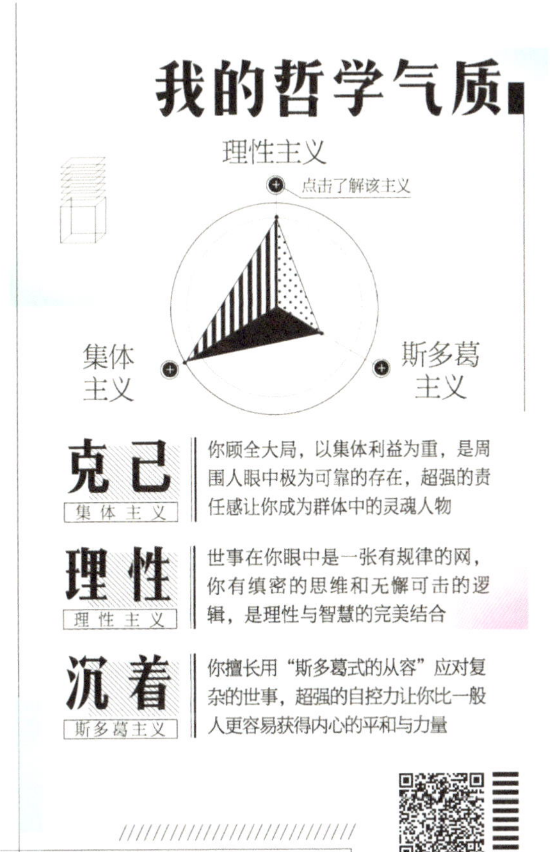

我的哲学气质

理性主义
+ 点击了解该主义

集体
主义 +   + 斯多葛
                              主义

克己
集体主义
你顾全大局，以集体利益为重，是周围人眼中极为可靠的存在，超强的责任感让你成为群体中的灵魂人物

理性
理性主义
世事在你眼中是一张有规律的网，你有缜密的思维和无懈可击的逻辑，是理性与智慧的完美结合

沉着
斯多葛主义
你擅长用"斯多葛式的从容"应对复杂的世事，超强的自控力让你比一般人更容易获得内心的平和与力量

网易新闻 | 达达   φ 世界哲学日

长按保存图片

② 证明自己曾经做过什么厉害的事情。最典型的案例是支付宝的年度账单，晒出用户过去一年的消费情况，可谓融合多方位的攀比点：消费总数额、消费力排多少名、超过全国百分之多少的用户，这些数据促成了朋友圈的跟风截图攀比。

同样的案例还有西瓜足迹出品的足迹地图，该地图可显示用户曾经踏足过多少城市，超过全国多少人，不少用户为了炫耀自己曾经去过多少地点而转发。

4.3.2 调动情绪

在调动用户情绪前，我们要思考，用户的情绪都有哪些？比如兴奋、惊奇、感动、愤怒、悲伤等。所有的情绪都能引发传播吗？如果不是，那么什么样的情绪能和用户达成深层次的共鸣，勾起他们不自觉的传播欲望呢？

1. 积极情绪和消极情绪

快乐的情感能振奋人心，悲伤的情感则恰恰相反。那么，是不是积极情绪有利于分享，而消极情绪会抑制分享呢？事实上，人们确实更喜欢报喜不报忧。正如前面所讲，人们在社交网络中的分享诱因，有一大部分来自对自身形象塑造的需求。正面信息会给别人留下良好印象，没有人愿意成天散发怨气，总分享悲伤沮丧之事。因此，积极情绪是有利于引导分享的。

然而全部的消极情绪都会抑制分享吗？我们再来看两种情感：愤怒和焦虑。如果愤怒真的抑制分享，那么激起众怒的滴滴女乘客遇害的新闻也不会反复登上热门；如果焦虑真的不利于分享，那么煽动焦虑情绪的《摩拜创始人套现 15 亿：你的同龄人，正在抛弃你》这篇文章也不会引起年轻人的共鸣，继而引发疯狂转发了。所以，转发情绪并不能以积极情绪和消极情绪来划分。

从动物保护为主题的 H5《她挣扎 48 小时后死去，无人知晓》，全篇都是杀戮和流血的画面，沉重压抑，但是并没有影响用户的分享，反而很多用户带着这种悲痛的情绪，将其分享至朋友圈，以此来警醒人类。虽然传递的情绪是消极的，但是该动物保护主题有利于帮助用户塑造朋友圈的优质形象，同样可以带来流量。

2. 高唤醒情绪和低唤醒情绪

我们再来看另外一个划分维度：高唤醒情绪和低唤醒情绪。什么是唤醒？ 唤醒是生理或心理被吵醒，或者是对外界刺激重新产生反应。

正如乔纳·伯杰在《疯传》中所述：愤怒和焦虑属于高唤醒情绪，我们生气时会大呼小叫，焦虑时会坐立不安。积极情绪也可起到唤醒作用，我们感到兴奋时会迫不及待地和人分享。但悲伤等消极情绪却会打击分享的欲望，让人意志消沉，不想行动。

例如，999 感冒灵创作了一支视频广告《总有人偷偷爱着你》，讲述了 6 个故事，故事中的主角都有各自的不幸：穷困潦倒的老人划坏了宝马车，大雪天喝醉酒的女孩被路人拍照嘲笑，没有人愿意给赶时间的外卖员让出电梯的位置，等等。故事的基调非常压抑，让人不禁由衷感慨：这个世界真的不会好了吗？此时观众的消极情绪已经被唤醒，陷在悲伤的情绪中很难有分享的欲望，但故事却在后半段开始反转，所有的不幸都是虚惊一场，人们没有那么冷漠，这个世界虽然没有想象的那么好，但也没有那么糟糕。反转的情节唤醒了观众的积极情绪，观众大呼"治愈""暖心"，这也是最终驱使他们转发的原因。

所以我们得出的结论是，高唤醒情绪有利于分享，低唤醒情绪阻碍分享。在 H5 策划中，我们要注意对高唤醒情绪的调动。

	高唤醒	低唤醒
积极情绪	兴奋 快乐	满足
消极情绪	愤怒 焦虑 恐慌	悲伤

注：引自乔纳·伯杰《疯传》第 126 页

4.3.3　超出预期

合格的 H5 策划要符合用户预期，好的 H5 策划要超出用户预期。那么问题来了，什么是用户预期呢？用户预期是指用户体验你的 H5 时，想要达成的目的是什么，其目标和诉求是什么。用户在看到一个 H5 的主题时，会对 H5 的内容有一个大概预期，H5 策划中最常见的错误是与用户预期不一致。

以《睡姿大比拼》为例，在策划初期，我们设置了 60 个摆件物品，却只打算给用户提供 24

种睡姿，这是一个致命的错误。用户在看到该主题时会期待这是一个可以比拼睡姿的 H5，而有限的睡姿选项无法满足每个用户还原自己真实睡姿的需求，超出睡姿选项 3 倍的摆件数量，也让用户搞不清这究竟是让人布置房间还是比拼睡姿。在意识到这个错误后，我们把睡姿定位为核心策划要素，增加了睡姿的选项，在进行删减后，仅留下了与睡眠环境密切相关的一些摆件。至此，H5 达到了"符合预期"这一步。

　　下面，我们就开始琢磨该怎样超出用户预期。用户了解目前十分流行的"提供选项"的 DIY 游戏，那么，我们便不提供选项，而是直接让用户创造选项。睡姿大比拼用骨骼动画实现了 100% 的个性定制，突破了选项上的局限。另外，用户在转发朋友圈内容时，会花费时间写转发文案，我们特意在生成的图片上，搭配一句和睡姿相关的个性文案，省去用户思考时间。一点小小的超预期，能够为用户带来巨大的惊喜感。

第五章

爆款是可以预测的

做刷屏爆款几乎是每个营销人的终极需求，但成功者寥寥无几，这并不是因为产出爆款的难度过高，而是大部分策划人员缺乏对传播规律的经验积累和对创意传播性的判断力。做 H5 的爆款绝不仅仅是依靠运气，通过对选题、交互和视觉设计的全方位评价和分析，它是完全能被预测的，并且可以通过正确的策略执行出来。下面，我们就来看看什么样的 H5 有成为社交爆款的潜质，以及爆款的评价标准和体系。

5.1
选题与情感评价

刚进入这一行业的年轻人创造欲很强，一次头脑风暴就能想出 N 个创意，并且对自己的创意非常有把握。实际上，"自嗨"几乎是每位新手策划的必经之路，经历几次失败后，也许你就开始疑惑："为什么我觉得很好的创意，用户却并不买账呢？"

如果能静心分析归纳一番，你就会发现，爆款 H5 不仅需要有趣的创意，还需要该创意有传播力，不仅需要你觉得好，更需要用户觉得好。每个人的喜好都是主观的，大多数情况下，你感兴趣的内容，用户未必觉得有意思。有人说，做爆款要靠运气，需要天时地利人和，可遇而不可求。其实不然，爆款是完全可以根据传播规律进行预测和判断的，比起凭运气去误打误撞出一个爆款，运用传播规律来锻炼自己持续打造爆款的能力，才是一个营销创意策划最重要的核心竞争力。那么，对于创意是否具有传播力，能不能刷屏，该怎样去判断呢？可以参考以下几点。

5.1.1　选题是否最大限度地覆盖目标受众群体

确定选题的第一步是明确目标受众。受众覆盖率与 H5 成为爆款的概率是成正比的，受众的基数越庞大，H5 火起来的概率越高。

比如情人节这个节点的 H5 策划，目标受众包括单身人群、非单身人群、异性恋人群等，如果专门做一个单身主题的 H5，就放弃了有男 / 女朋友的用户。反之，又舍弃掉了单身用户。所以，H5 的主题只针对其中的任何一个人群，都等于无形中放弃了其他受众，而我们要做的就是尽可能多地去覆盖这些受众，对此问题该如何解决呢？举例来讲，网易哒哒在 2016 年应情人节节点做的 H5《爱的不同定义》在策划时就遇到了这个问题。这是一款连线互动小游戏，用户通过连接 5 个点可以形成不同的图形，比如戴尖顶帽的小女孩、龙等，策划人员希望每个图形都代表一个能打动人的意义，这个图形意义很大程度上就决定了 H5 的主题。但关键在于，什么意义可以摆脱刚刚所讲的情人节受众上的窘境，从而覆盖到大多数受众呢？

最后，策划人员决定，这个意义不去专门适用于特定群体，把情人节中的爱情主题抽象成"爱"的内涵，每个图形象征不同语言中"爱"的定义，把爱情升华为"爱"。因为"爱"是一个适用于所有受众的主题，在传播人群上几乎没有限制，再加上好玩的互动，以及清新好看的设计风格，最终取得了不错的流量成绩。再如，网易哒哒在2017年六一儿童节推出的《滑向童年》，该H5选用了5部动漫，分别是《灌篮高手》《火影忍者》《名侦探柯南》《哆啦A梦》和《美少女战士》，为了最大限度地覆盖目标受众群体，我们选择的动漫涵盖了热血漫、侦探漫、少女漫、儿童漫等多种漫画类型。试想，假设我们当时只选用一部《火影忍者》，那么潜在目标受众也就只有《火影忍者》的粉丝，自然达不到《滑向童年》现在的流量。

波斯语 · love

تس ودار امش نم

换一种连接顺序试试

第一次遇见那个人时
你眼中瞬间的闪耀

5.1.2　内容是否有明确的传播点

从内容上来说，酝酿一个选题之初，务必要认真想清楚一个问题：这个选题策划的传播点是什么？这其实也就是用户转发 H5 的原因。对此问题在每个环节都要多问自己几遍，只有把它想清楚了，策划才能继续下去。因为，一个具有高传播力的策划将全部围绕这个问题的答案进行创作和强化。

以《滑向童年》为例，策划确定的传播点是"怀旧情怀"，"怀旧"是非常容易引起共鸣的主题，大家在生活中或多或少也有感触。当你偶然间听到十年前很喜欢的歌曲，或者看到小时候追过的动画片时，都会回想起它们曾带给你的温暖与欢乐，而童年的经历是非常适合打怀旧牌的，因此，我们决定在六一儿童节推出一支节点 H5。那么，适合做童年怀旧主题的选题可以是什么呢？我们想过做童年的经典游戏，这个选题的角度的确有意思，但受众群体有局限，很多女生是不喜欢玩游戏的。除此之外，我们还想过做童年的美食，但这个选题也很快被否定了，因为地域之间的美食种类有一定差异，并且立意上不够新颖。

我们最终确定了童年动漫这个选题，无论男生或女生，动漫都是大家曾经共同的记忆。动漫"怀旧"引发共鸣，这是一个传播点；借用《灌篮高手》《名侦探柯南》等知名度较高的动漫 IP，这又是一个传播点；酷炫的视差交互和吸睛的画风还是一个传播点。选取多种类的动漫来扩大受众人群是为了迎合这个策划的传播点。H5 上线后大受欢迎，大家纷纷在朋友圈为自己曾经钟爱的动漫贡献流量。这样一个具有多个传播点和广泛受众基础的 H5 火起来也在意料之中。

　　《2019 我的新年 Flag》是网易哒哒团队在 2018 年年末推出的年终策划，区别于常见的"向后看"年终总结式 H5，我们想做一个能够鼓励大家"向前看"的主题——立下你的新年 Flag。这支 H5 的传播点有两个：一个是仪式感，另一个是工具属性。那么，传播点之一的仪式感该如何界定呢？其实，仪式感就是通过增加一些仪式性的流程，使某一事件与其他事件不同，使某一时刻与其他时刻不同。因此，为了让用户体验到仪式感，我们把立 Flag 这件事进行流程化，总共分为三步：第一步，立下你的 Flag；第二步，选择背景色和小装饰；第三步，署名。在生成 Flag 之前，还会有一个倒数 3、2、1 的倒计时和烟花，搭配文案：你的新年 Flag 正式生效。所有这些都是为了让用户感受到，自己正在进行一项隆重的仪式。

传播点之二的工具属性该如何体现呢？工具的价值在于实用性，工具可以辅助用户把一件事完成得更出色。比如，用户完全可以在纸上或者手机备忘录中写下他的 Flag，为什么非玩这支 H5 不可？原因如下：首先，用户可以在 H5 中选择自己喜欢的背景色和小装饰，把自己的 Flag 页面装扮得更好看，在朋友圈晒出来比较有范儿。其次，思考立什么 Flag 很费脑筋，一个人也很难想得全面，而我们准备了近 200 条文案让用户挑选，省去了动脑的力气，让用户点击几下，就能定制一份专属的 Flag 清单。最后，还是仪式感，制作 H5 的过程能让用户体验到立 Flag 的仪式感。正是通过这两大传播点，该 H5 在 2019 年元旦席卷朋友圈和微博，成为网易新闻流量最大的商业化 H5。

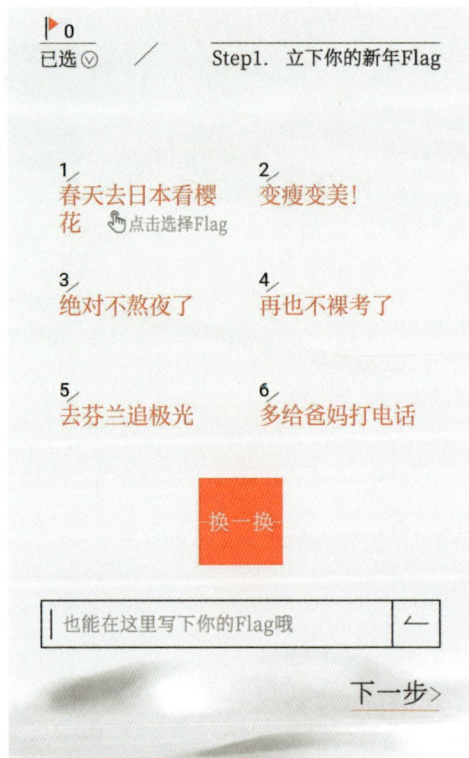

反之，当你的 H5 策划没有一个明确的传播点，火起来的概率就会大大降低。

5.2
手势交互评价

5.2.1　H5中常用的交互手势

H5受限于用户使用习惯和制作技术，在手机上观看效果会比在计算机上好。而用户每天都在使用手机，手指是接触手机时间最长的部位，所以触觉上的互动，可以给用户带来良好体验，吸引用户继续浏览页面。

早期初级阶段的H5只需点击、滑动即可翻页，交互形式比较简单，不会把用户的精力从内容分散到形式上，交互手势只是辅助，占用用户精力较少。随着技术的发展，H5的交互手势早已有了新的突破，出现了重力感应、文字书写、长按播放等花样玩法。那么，发展到今天，H5共有多少种玩法呢？

1. 点击交互

点击是常见的手势之一，可以用于页面转场。这种交互手势一般需要设置点击引导。引导可以作为注释帮助用户理解H5，让用户跟着H5的思路行动，推动剧情发展。与主题相符的个性化的引导设计，能快速将用户带入情境。

测试H5的主要交互手势是点击，用户点击屏幕选择不同选项，生成专属自己的测试结果。《测测你的哲学气质》《测测你是欢乐颂里的谁》《制作你的饲养手册》都是测试型H5，只需简单地点击即可完成交互。

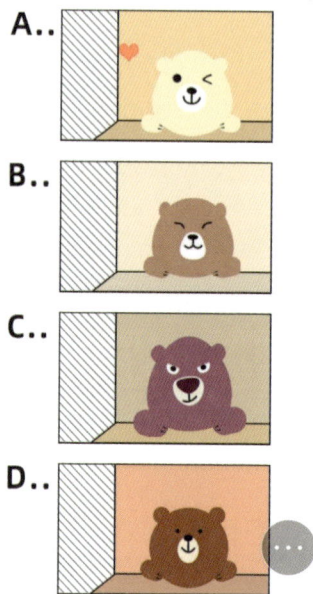

#1/7　选择一只你喜欢的小熊吧

A..

B..

C..

D..

点击屏幕

2. 连击交互

　　连击交互主要用在游戏类 H5 中。连续点击屏幕的节奏感比较强，关联点击次数与积分排名，带有竞技性，能刺激分享、吸引更多人参与。这种单一的交互方式操作比较简单，所以会搭配限时、限次等玩法。网易哒哒推出的《漫威电影十周年》H5 设计了一个"揍"灭霸的环节，用户需要猛点屏幕，记录 10 秒时间内"揍"灭霸的次数。10 秒结束后，用户可看到连击的次数和自己在全网中的排名。

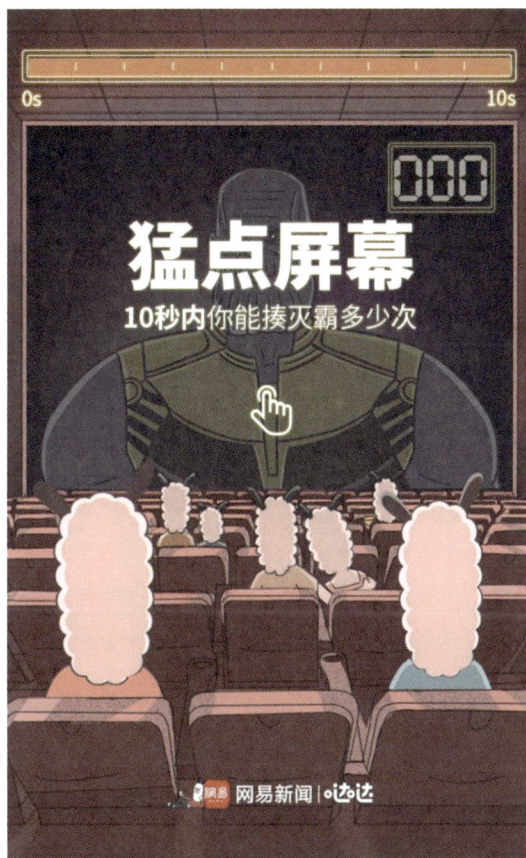

《守护你的幸运足球》属于不设置连击次数限制的H5，连击求精准不求数量，需要用户点击屏幕控制足球在空中的高度，不能"飞"得太高撞上飞鸟和石柱，也不能让足球掉在地上。

《穿越中国70年》是网易哒哒出品的一支"庆祝新中国成立70周年"的视频型H5。其中"为祖国点赞"环节需要用户连击屏幕，每点击一次记为一分。连击时产生的爱心特效会变色，画面带给用户新鲜感。点赞创意来自短视频点赞，交互手势是用户熟悉的形式，有利于带动为祖国"打call"的积极情绪，增强用户体验感和沉浸感。

3. 长按交互

长按交互需要用户根据引导，长时间接触 H5 页面中的某处按钮，保证画面的连续播放和顺利转场。由于长按需要用户的手指保持静止的停顿状态，用户有可能会感到无聊乏味，所以在设计时，最好可以提示 H5 的播放进度，给予用户时长参考。长按交互常用在一镜到底形式的 H5 中。一镜到底往往考验故事的衔接和镜头的转换，运用得当可以带给用户很好的体验，让用户精神更加集中，从而提升 H5 的完播率。

《你我当年》让用户利用长按动作，以画中画的形式畅快地观看所有内容；《武林外传》中郭芙蓉与白展堂过招；《仙剑奇侠传》中李逍遥立志成为大侠；《少年包青天》中包拯、公孙策、展昭一同探案，等等。H5 带领用户回顾童年时观看的电视剧，瞬间唤醒他们的童年记忆。

长按屏幕

你我当年

另一支 H5《一分钟漫游港珠澳大桥》也是通过长按前进，展示港珠澳大桥的风景。为了不让用户感到无聊，每隔一段距离，会显示用户"走过"的公里数，提示用户 H5 的播放进度。

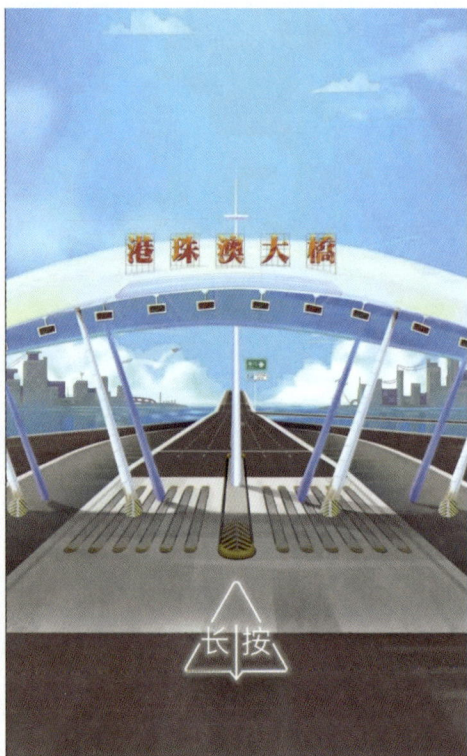

4. 长图视差交互

长图视差交互常搭配滑动的手势进行，从而带动 H5 连贯播放。视差动画由于运动速率与主视觉画面不同，空间层次感更加鲜明，可以增加画面的新鲜感，缓解高密度内容带来的视觉疲劳，减少用户阅读长图文时的乏味感，从画面效果上辅助 H5 流畅地转场。

网易哒哒的《她挣扎 48 小时后死去，无人知晓》就是利用这种方式，向下滑动推进剧情，把主人公的变化呈现给用户。H5 借用滑动手势控制故事的播放，让用户更有参与感。

滑动屏幕

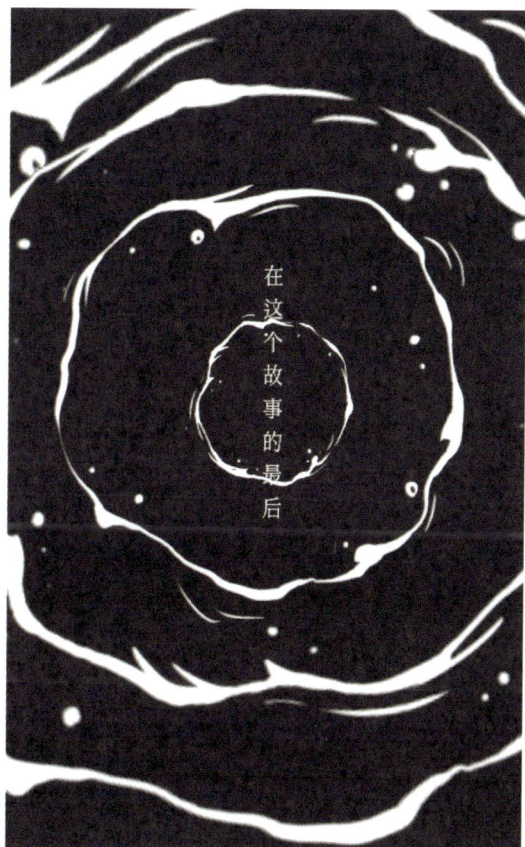

在这个故事的最后

《你想要的每个好，我们都努力做好》用滑动长图 + 视差动画的形式，带领用户从 1988 年穿越到 2018 年，串联起兴业银行的 30 年发展历史。

《我在童话里遇到你的时光》使用一张长图，滑动时还会有一些小元素穿插过场，使得整支 H5 看起来既炫酷又丰富。

好奇心总是驱使着我们去探索，
即使犯错。

7 04

1865年的今天，
《爱丽丝梦游仙
境》首次出版。

5. 拖曳交互

　　拖曳区别于滑动，按着屏幕不松手，从一个点拖到另一个点，移动速度由用户控制。拖动类的 H5 适合图片展示类或者叙事类的专题，播放速度的快慢可以自行调节，不影响观看体验。

　　网易哒哒的《睡姿大比拼》利用骨骼动画技术，让用户可以拖曳"小人"的四肢，DIY 自己在床上的睡姿。除了可以选择场景、人物外貌，H5 还提供床上的小物件做搭配，用户将其放大或缩小后进行拖曳用来布置卧室。

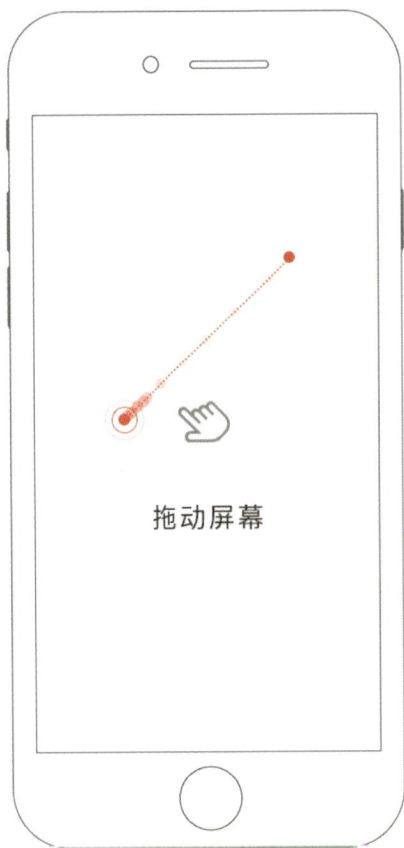

6. 双指缩放交互

双指交互需要用户两个手指同时接触屏幕，比如滑动屏幕放大或缩小某物，也常用于画面转场。这种交互方式对用户手势的微操有要求，玩法有些复杂，但互动性比单指点击、滑动更强，便于用户更好地进入 H5。

网易新闻的《跟贴比新闻更接近真相》采用穿越时空场景设定，设计了使用双指放大手势时进入下一页，点击按钮查看当页详情；每页统一的手势非常便于用户的记忆和理解。尾页衔接恰当，点击"跟贴"按钮会跳转到网易新闻话题"策划：2016 值得回忆的不仅有新闻"。

双指放大

放大继续探索

7. 声音交互

除了触觉交互，还可以有听觉交互。声音交互方式比较少见，大多与录音有关，按照 H5 的引导提示，录一段话完成任务，或者说出自己心中的话，生成专属音频。网易云音乐的《有故事的声活单曲》的互动形式，就属于让用户录音，讲出自己的故事，创建录音文件，在录音结束后，配上文案生成定制海报。

用声音控制 H5，还可以表现为自选音乐片段，DIY（自己动手制作）一首完整歌曲。网易云音乐的《玩音乐，我从来没在怕的》让用户从古风音效、清澈人声、3D 环绕、迷幻电音音效中，选出最喜欢的风格，为原曲调音，生成个性化的乐曲。DIY 出来的音乐代表个人喜好，具有一定的社交属性。

8. 书写交互

　　书写交互是一种自由度比较高的互动方式，用户可以根据提示自由创作文字、图画。通过绘画创作出来的形象个性鲜明，也是用户情绪的体现。面对自己绘制的角色，用户能够更用心地投入 H5 中，流失率往往不高。

　　网易哒哒的《里约大冒险》给予用户一定指导，使其根据提示绘制小人、绳子、降落伞等形象。这些形象虽然线条有些粗糙，运动起来与背景对比鲜明，但由于是原创角色，用户对画面的包容度更强。

文字部分的书写交互，常用在测试类 H5 中。用户根据提示输入名字或者想说的话，生成海报得到测试结果。在网易新闻的《以你之名，守护汉字》中，用户可以输入自己的名字，找到需要自己守护的濒危汉字。H5 测试生成的汉字，都是日常生活中很少用到的生僻字。主题为"守护汉字"，既可以让用户认识这些濒危汉字，又能够赋予用户一种使命感，使其主动分享传播这些汉字。

9.重力交互

模拟现成的客观物理规律能大大降低用户认知难度，还能为 H5 增添趣味性。手机在硬件上给出了很多技术发挥的可能性，活用重力感应、陀螺仪、速度加速器等硬件设备可以创新 H5 玩法，增强用户的代入感。

摇晃手机时，H5 会自动判断手机倾斜的角度。由于技术性比较强，所以重力交互常用于某个特定页面。网易新闻的《时空恋爱事务所》利用手机重力传感器，摇晃手机唤醒"主人公"，展开剧情。

10.3D 空间交互

3D 交互主要利用 3D 技术，搭建立体化的场景，突破画面扁平化的限制，强调画面的层次感。但是这种交互方式在 H5 开发设计环节有难度，考虑到用户的使用习惯，3D 交互的玩法也比较单一，常搭配点击、滑动等基础手势操作，作为 H5 亮点出现。

《龙猫线上扭蛋机今日营业》中的"扭蛋机""金币"等元素均被 3D 化，并且原本正常比例的动漫人物也被 Q 版化。扭扭蛋是一个动态的过程，如果使用二维平面形象，那么互动的效果并不明显。3D 物体强调了用户的临场感，还原扭扭蛋未知的趣味性，使 H5 玩起来更加真实。

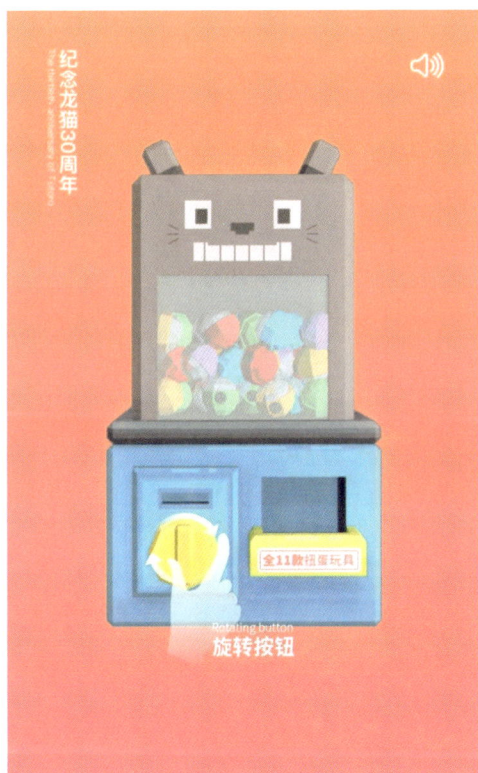

11. 全景交互

在 360° 全景形式中，用户可以上下、左右滑动画面。这种 H5 以类 VR 的形式承载整个画面交互，更注重 H5 场景的设计，空间立体感比较强，要求画面 360° 边界衔接流程。不过由于加载图片较多，H5 体量较大，很有可能会出现播放时画面卡顿等问题。

网易新闻的《一廿间，二十载》呈现出一种全景场景，向用户介绍网易 20 年的发展历史。用户可以 360° 旋转手机，查看全景画面，沉浸于 H5 营造的虚拟场景中。

5.2.2　手势交互是否与内容策划相匹配

比起纯浏览式的视频形式，H5 的最大优势在于可以通过手势交互和用户产生互动。视频很可能会因枯燥单一的观看行为而流失用户，而 H5 中的一个优秀手势交互，却能够持续性地吸引用户的注意力。设计手势交互很重要的一点是，手势交互必须和策划内容有逻辑上的连贯性，这样用户才能自然地进行操作。如果抛开策划主题去加交互，那么用户会有被你牵着鼻子走的感觉，因为他的体验进程被一个"不该出现在这里"的东西打断了，他需要很不情愿地解决掉这个问题才能继续体验下去。

网易哒哒在 2016 年推出的年终策划《你的 2016 关键词》的交互方式是长按选词，用户长按页面中的"长按换词"按钮，就可以随机切换他们的年度关键词。这些词语融入了年轻人这一年的生活状态和情感，比如"初心""一个人""月半"等，每个词语都搭配不同的画面。在该策划中，长按选词这个交互符合人们在做随机选择时的操作习惯。试想，如果改成双指放大的交互方式，就会让人觉得莫名其妙、不适应，有一种被刻意安排的感觉。因为这种交互方式一般用于放大某个东西或拨开屏障。所以，手势交互需要与内容策划相匹配，为主题起到增色的作用。

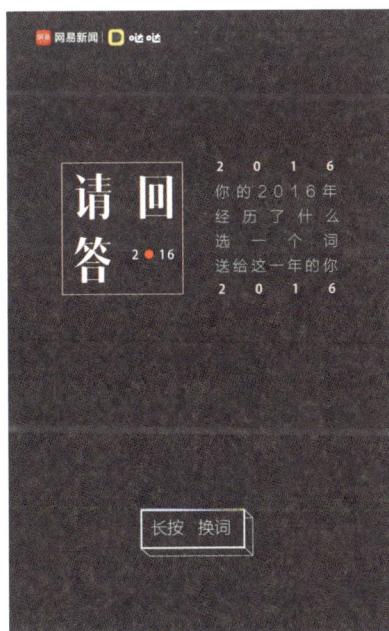

5.2.3 手势交互是否简单清晰

每个策划都有其核心内容，手势交互如果过多过杂，或因炫技而导致难于操作，就会让用户在这种衔接方式上投入太多精力，从而忽略策划的核心内容，本末倒置。在碎片化信息时代，用户的耐心十分有限，一个交互如果不能在 5 秒之内被用户理解，这个 H5 的传播就会大打折扣。因此，交互一定要简单清晰。

判断一个手势交互是否简单清晰，一方面依靠交互设计师和策划者在制作过程中的判断力，另一方面需要做小范围的用户调研。例如，网易哒哒的《2019 我的新年 Flag》，这支 H5 在封面页的进入交互是让用户沿一个圆圈状的虚线轨迹顺时针滑动，随着滑动，圆圈轨迹后面的背景也跟着顺时针旋转，滑到底时正式进入第一个页面。这是一个非常规的创新性视觉交互，用户对操作不太熟悉。因此，交互提示文案会显得非常重要。然而，在测试用户时，我们发现很多人由于之前没见过这种交互方式，同时也注意不到交互提示文案，所以就凭着自己的习惯下意识地上滑页面，还有更多人不知道该点哪里，在屏幕上乱点乱试。可以说，这支 H5 在用户测试中就因进入交互难于理解而损失了 80% 的用户。我们马上分析了此问题的原因，原来，该页内容实在堆砌得太多了，除了需要用户滑动的圆圈轨迹和交互提示文案，还包括计时的文案、4 句封面页文案、房子、树、雪人等。在如此冗杂的内容中，用户不知道该把眼睛看向哪里，他们无法立即看到交互提示，产生了手足无措的感觉。为了让交互更加清晰，我们删减了封面页的文案，将此文案和交互提示文案的距离拉远，使圆圈轨迹和交互提示处于中心位置，能让用户第一眼就看到，最后成功解决了问题。在 H5 的交互设计中，切记"过犹不及"，别让复杂且不清晰的交互拦住你的用户，手势交互的清晰、易懂是提升用户体验、增强用户参与感的重要一环。

5.2.4 玩法是否新奇有趣

从形式上来说，H5 与传统广告相比，优势在于它是能玩起来的形式。如果说内容是在用户花费时间与精力进行深度研读并思考过后，才能领会的东西，那么新颖炫酷的玩法绝对能在第一时间就抓住用户的眼球。在评价 H5 玩法时，你需要思考些什么呢？

1. 玩法是否有趣

"玩"的本质是愉悦的互动体验，是否有趣是要考虑的第一个问题。网易哒哒的世界睡眠日专题策划《睡姿大比拼》就是一个玩法非常有趣、简单的 H5 互动游戏。它以骨骼动画作为技术支撑，用户可以自由摆动人物的四肢，选择人物的左侧姿势或右侧姿势，高度还原出自己的睡姿，达到100%的个性化定制。同时，用户还可以选择自己喜欢的卧室风格、睡衣、人偶抱枕等。这支H5的玩法理解门槛极低，只需要手指滑动或点选就能操作。人的睡觉姿势千奇百怪，这支H5也同样拥有无穷多的结果，用户可以轻松地摆出各种好玩有趣的姿势，用它来搞怪、扮可爱都不在话下。这种有趣的玩法充分激发了用户的创造力，并且让他们在创造过程中感受到愉悦。

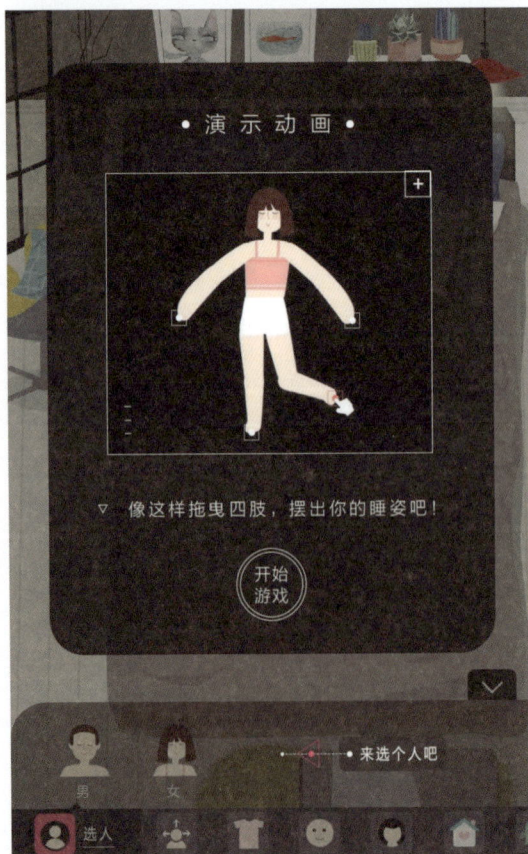

网易哒哒在 2016 年的里约奥运会之际推出的《里约大冒险》也是一个以玩法取胜的 H5。该 H5 开始先让用户去画一个小人，小人走着走着却掉到了一条沟里，随后画面放大，用户才发现原来小人掉到了一位美女身上。之后，用户需要根据玩法提示，把美女的项链延长到小人手里，小人接着提出要求："这也太高了，给我画个降落伞吧！"在用户给它画了降落伞后，它就会乘着这个降落伞飘去充满里约奥运会内容的朋友圈。这支 H5 以"画画"为主要玩法，用户亲手画出的内容串联起整个画面，并且能够让用户看到自己创作的图案，在画面中做出各种有趣动作、说出可爱的话。这样的玩法在 2016 年还是比较少见的，操作简单，互动性强，新颖的玩法与奥运会的传统主题结合，给了用户有趣的交互体验，最终在众多里约奥运会 H5 中脱颖而出，赢得用户青睐。

2. 玩法能否和内容相结合

玩法不是天马行空的想象，而是需要依据内容而定。玩法不分好坏，能够凸显内容特色、增强用户参与感的玩法，都能称作好的玩法。例如，《爱的形状》这支 H5，它的内容是一个正方形为了迎合所爱之人的喜好，甘愿牺牲自己原本的样子，改变成各种对方喜欢的形状，却爱而不得，直到遇到 Mr.Right。这个策划的内容主题是不要在错误的爱情中迷失自我。为了深化这一主题，让用户感受到为爱改变自己形状的残忍过程，我们采用了滑动切割的玩法，用户沿着正方形主人公身上的虚线滑动，把它切割成其他形状，切的过程中还伴随血点溅出，给用户以真实的体验。试想，如果当时我们把玩法换成点击切割，就无法模拟出刀具切割的真实感，也就无法准确传达内容主题了。

网易哒哒在 2019 年农历新年推出的 H5《预见你的 2019》，也是玩法结合内容的一次成功尝试。它的具体玩法是让用户在 H5 的开始输入自己的姓名，姓名随即化为一颗上升的星星，等星星固定在屏幕正中央后，用户便根据提示去长按星星，召唤魔法阵，魔法阵中会升起该用户的新年签。因为用户更愿意分享与自己相关的内容，所以这个策划内容的重点就是让用户感知到新年签和自己有较强的相关性，凸显专属感。基于此目的，我们选用了长按召唤魔法阵的玩法，让用户体验由名字幻化而成的光点，在自己的手指下慢慢结成魔法阵的专属感。新年签主题的内容搭配魔法阵这样的神秘感玩法，营造了有趣而玄妙的气氛，同时也十分自然地贴合了春节的氛围。

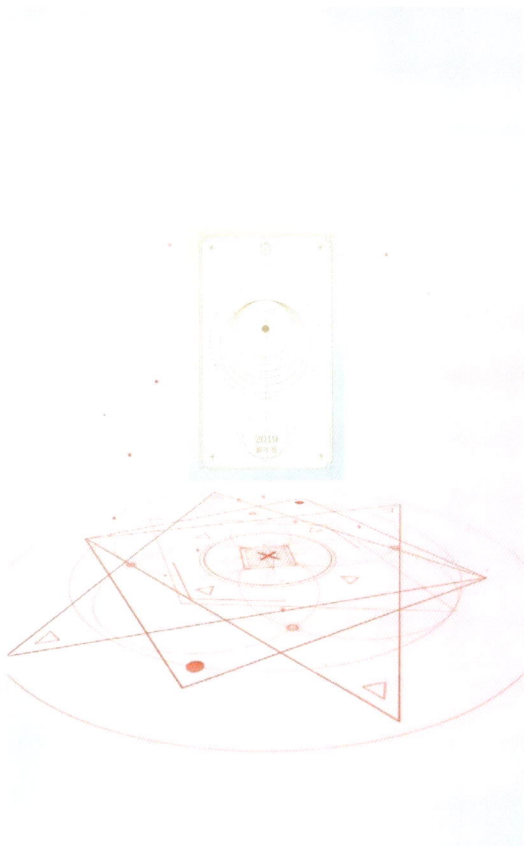

3. 玩法是否简单易懂

和游戏玩法不同，H5 在传播上面对的是普通用户，而非热衷于解密的高级游戏玩家，所以 H5 玩法需要简单易懂，不需要用户多费脑筋就能领会，并尽可能地让用户在简单的操作下获得更多充满惊喜感的成果，这样他们才会带着成就感继续体验下去。抢占用户的时间是很难的，一个 H5 的玩法如果不能做到在 5 秒内让用户看懂，一般就失败了。

比如网易新闻和新华社合作的 H5《一分钟漫游港珠澳大桥》，其核心的玩法只有一个：长按，操作简单易懂，即使是妈妈辈的用户理解起来也不困难。用户长按屏幕下方的按钮，便可在一分钟的长镜头里，穿越 55 千米的大桥。在穿梭过程中，用户可以看到港珠澳大桥的整体构造，以及大桥两旁美丽的风景。在这一简单玩法下，策划团队还增添了惊喜感玩法，用户如果看到喜欢的景色，则可以松开手指暂停，屏幕上随即出现拍照提示，只需点击拍照按钮即可得到一张港珠澳大桥在这一路段的实景图片。每个路段都预设一张照片，一共 8 张，观看完整个 H5 后会告诉用户已经集了多少张，还差多少张没集齐，激发用户重玩的欲望。不仅如此，用户还能从自己集到的照片中挑选出喜欢的一张制作成明信片，送给亲朋好友，这一点也大大增强了 H5 的社交属性。

可以说，这种"简单玩法 + 热门主题"的组合是《一分钟漫游港珠澳大桥》上线后收获过亿流量的根本原因。

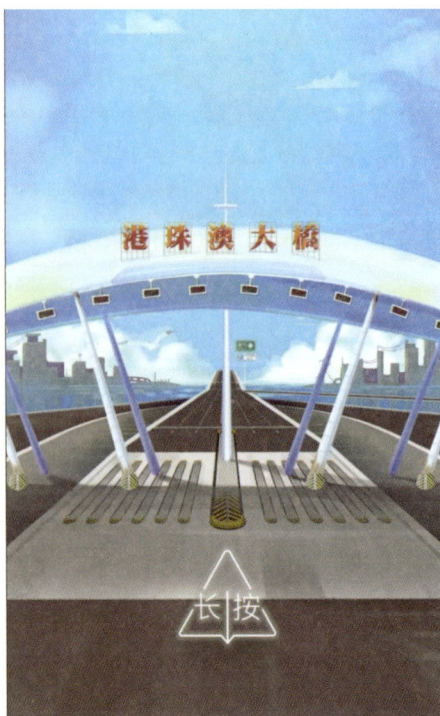

5.3
视觉评价

5.3.1　视觉设计是否符合大众审美

我们经常会看到某些 H5 的视觉设计，追求所谓的创意，从而具有使一般用户无法欣赏的超前风格。如果刻意去求新求异，那么将这样的作品拿到国际大赛上，交给业内人士评奖没有问题；但如果要做以营销传播为目的的 H5，那么视觉设计首先应迎合大众审美，是否符合大众审美才是首要的评判标准。

比如，网易云音乐《使用说明书》的测试结果页面设计原理，就是色块的随机叠加，每个用户在最后会生成一个由 3 个色块拼合而成的结果页，比如，粉、绿、蓝的组合或紫、绿、粉的组合。这至少可以得到上千种不同色块搭配的结果页，个性化的结果文案加上个性化的结果页视觉设计，使该 H5 把个性化发挥到了最大限度，每个人都能获得一个独一无二的结果页。为什么要这么做呢？因为从传播角度来看，朋友圈是展现个性化人设的地方，我们都希望自己是与众不同的，这支 H5 通过强化个性化的设定满足了用户的内心期待。然而，结果页面这种随机的色彩组合是杂乱无章的，无法兼顾 3 种颜色之间的协调性和美感。从设计角度而言，它肯定做不到对视觉的追求。但对大众来说，大部分用户不会用专业人士的眼光去细抠设计美感，能否让他们在朋友圈中显得独特，这才是影响其转发欲的重点。这便是一种"取舍"，无论如何，"传播"目的都应摆在首位，视觉设计既要贴合 H5 主题和内容进行发挥，也应考虑怎么去迎合大众的口味。

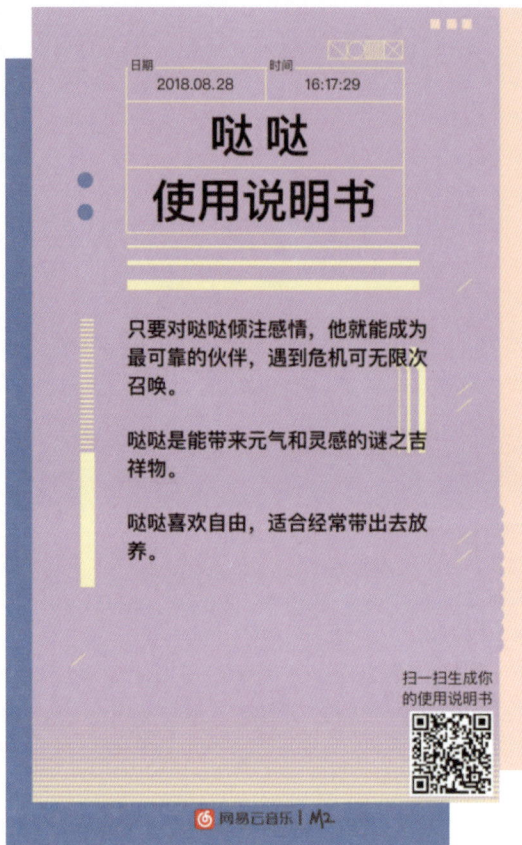

5.3.2　视觉设计是否与内容高度匹配

　　每支 H5 的策划，都有想要达成的目的或需求，因此我们要从全局评估一个视觉设计能否传达 H5 的主题。好的视觉设计和策划应是相辅相成、相互平衡的，而非一个的风头压过另一个，或是相互割裂。

　　网易哒哒的测试 H5《制作你的饲养手册》在设计风格的确定上，特别注意视觉设计与内容的匹配。《制作你的饲养手册》的核心内容是用可爱的文案，把用户包装成一只搞怪卖萌的小动物，打造朋友圈"激萌"人设。另外，为迎合上线时间，代入环境氛围，在设计上还需要突出夏日的清新风格。为凸显活泼可爱的感觉，我们选用"色彩碰撞＋元素拼贴"的设计方案，用到的可爱元素包括笑脸、小猪、冰激凌等，色彩多采用红色、粉色、绿色等活泼明亮的颜色，结果页中的食物也加上了萌萌的圆眼睛。很多用户表示在看到的第一眼就被萌化了。可以说，整个 H5 的视觉风格非常生动有趣、可爱而不幼稚，很容易就把用户代入"饲养手册"这个可爱主题的氛围中，对内容起到烘托和深化的作用。

#1/7　选择一只你喜欢的小熊吧

　　网易严选的 H5《iPhone 上新，系统更新》同样是一个典型的案例。这是一支拟物类型的测试 H5，它把人比作手机系统，通过 5 道题目测试出每个用户的人生更新说明。其实也就是用户目前的状态，文案运用机器说明书式的语风来包装人格。可以看出，该 H5 的内容主题是手机系统人格。因此，在设计上，选用黑、白、金等具有金属质感的颜色，封面页模拟手机开屏页面，用户通过滑动解锁后进入答题页，答题页面的边缘使用了手机外壳边缘，测试结果页也专门设计了 iOS 系统更新页面。另外，H5 内页中的元素多采用锐角设计，凸显冷冰冰的机器风格。设计风格与主题内容的高度匹配，更加强化了测试的内容特点，特色鲜明，令人印象深刻。

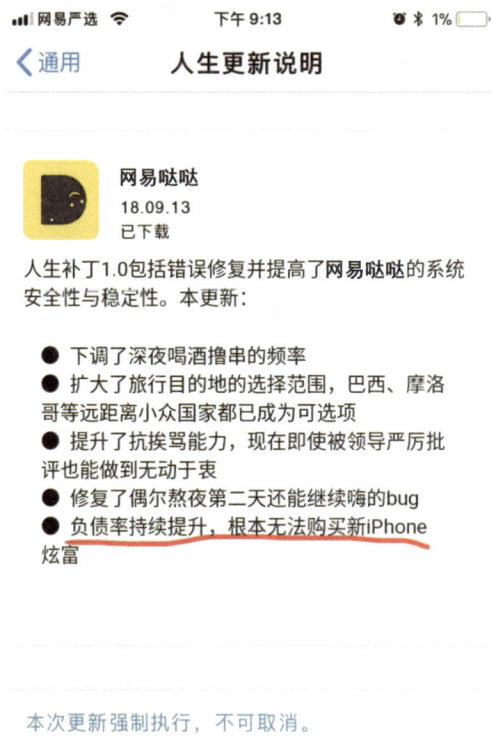

人生更新说明

网易哒哒
18.09.13
已下载

人生补丁1.0包括错误修复并提高了**网易哒哒**的系统安全性与稳定性。本更新：

● 下调了深夜喝酒撸串的频率
● 扩大了旅行目的地的选择范围，巴西、摩洛哥等远距离小众国家都已成为可选项
● 提升了抗挨骂能力，现在即使被领导严厉批评也能做到无动于衷
● 修复了偶尔熬夜第二天还能继续嗨的bug
● 负债率持续提升，根本无法购买新iPhone炫富

本次更新强制执行，不可取消。

5.3.3　视觉设计是否有品牌辨识度

以营销为目的的 H5，是一种商业行为。爆款 H5 的每次刷屏不仅想让用户记住有趣的内容，更重要的是让用户记住它背后的品牌。如果你的每一支 H5 都是迥然不同的设计风格，没有固定的特点，那么是无法占领用户心智，也无法沉淀用户的。每家品牌的 H5 都有自己的调性，有品牌辨识度的 H5 能够让用户在进入页面后，即使没有看到 LOGO，也可以认出这是哪一家的作品，从而降低用户记住品牌的成本。这就需要确定统一的设计风格，比如，网易公司的品牌色是红色。因此，网易哒哒 H5 设计的主体颜色以红、黑、白搭配为主，设计感偏向现代简洁风。比如情人节 H5《爱的不同定义》，设计师用黑色的粗线条勾勒五点连成的形状，用红色色块对图案进行大面积的填充，并以白色为背景，从配色上突出网易哒哒的品牌调性。除了配色上的风格，网易哒哒的品牌风格还包括年轻、有趣，因为其主要用户是"90 后"和"00 后"。为了体现这一品牌调性，设计师选用轻松有趣的元素来装饰页面。比如，在《睡姿大比拼》中迎合年轻人喜好的猫咪床头、尖叫鸡、游戏机等元素，以及在《制作你的饲养手册》中搞怪的笑脸、emoji 表情、小动物等元素。很多用户表示，一看到上述特点的 H5 就能让他们立刻辨别出这是网易哒哒的作品。

挪威语 • love
Forelsket

开始恋爱时，那种无法用语言描述的幸福感

睡姿大比拼
想对你说句晚安，你听到了吗？

网易新闻 | 哒哒

相比 H5 内容风格而言，具象的视觉风格更能刺激人们的感官。有品牌辨识度的设计能被用户快速识别并留存在脑海中，当相同风格的设计再次出现时，又能持续性唤醒用户对这个品牌的记忆。因此，一个有辨识度的设计能为品牌的传播起到推动作用。

爆款潜质的三维度包括选题评价、手势交互与玩法评价和视觉设计评价。微信爆款文章可以由一个人完成，而 H5 包括策划、设计、制作动效、前端开发等步骤，它的成功必定要依靠优秀的团队协作，这也决定了它在整个策划与制作过程中的复杂性。一个 H5 从策划阶段到执行阶段可以用这 3 个维度来进行自检，以此来确定策划方向的正确性，避免执行时跑偏。

第六章

从零开始学做一支H5

有了很棒的策划创意后，完美的执行也同样重要，很多人不了解自己的创意适合用什么样的方法去执行，也总是觉得成品和自己最初设想的感觉有很大差异。这一章，我们就来展开讲讲H5的制作方式，以及一个爆款H5案例由诞生到面世的全部执行流程。

6.1
H5的制作与分工

很多人疑惑 H5 到底是怎么做出来的？

为什么有些 H5 看起来非常酷炫，而有一些却像翻页 PPT 一样简单？

答案是这与你选择制作的方式有关。

H5 的制作方式多样，大体上可分为两种：工具制作和代码制作。

工具制作的 H5 简单易上手，工期短，制作成本也相对较低。对于某些小白工具，甚至可以在十分钟内就玩懂。

你若对交互、玩法要求较高，想做带感的游戏或精美的视频 H5，工具制作的 H5 就不能满足你了，这需要通过前端写代码来实现。

下面就来展开讲讲这两种制作方式。

6.1.1　工具制作

市场上的 H5 制作工具繁多，进入 2018 年以来，已形成低阶、中阶和高阶 3 个梯队。可以根据工期，时间和金钱预算以及成品质量等进行选择。

1. 低阶 H5 制作工具

（1）初页

初页是目前最简单的"类 PPT 式"H5 制作工具，无技术基础的普通用户可在 10 分钟内就通晓其制作方法，并可在 App 中完成制作。它的交互方式通常是滑动翻页，有时会适当加入点击、滑动、长按等操作。其最大的优势是可以在网页中直接调试和修改。

如果想做生日贺卡、婚礼邀请函、生活图志之类的简单 H5 就可以选择它。

在初页中制作 H5，可以选择手动或自动排版。手动模式需要用户上传 1~20 张图片，可挑选模板或自由组合图片。点击页面右上角的"换音乐"或"换动画"按钮，即可更换适合场景的配乐与动效。图文排版完成后，可点击"下一步"按钮跳转到发布页面，设置标题。H5 发布后，可在"我"的主页中看到并管理 H5。

自动模式需要先给 H5 确定一个标题，随后挑选并上传 1~50 张图片，确定封面图片和文字内容后，初页会对 H5 进行排版设计，并添加动效和背景音乐。如果不满意，则可以手动更换模板。

取消　　　　　　　　　保存　　　＜　　　　　　　　完成

输入故事标题

可输入10字

不会写标题？点击试试下面的　　　换一批

心动的开始　　余生请多指教

确幸遇见你　　在北京的日子

心所向·在路上　　游恋人食间

自在童心　　我1岁啦

宝宝的100天

＋
上传封面

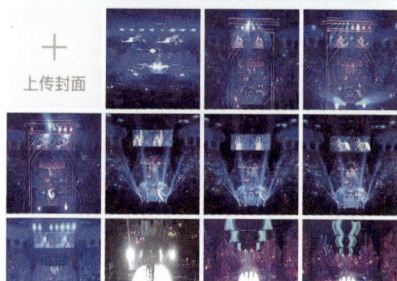

这一刻的想法…

01

这一刻的想法…

02

这一刻的想法…

在北京的日子

换模板　　调整图片　　完成

（2）易企秀

易企秀是公众认知度较高的 H5 制作工具。很多人以为易企秀就是 H5，其实不然，它只是制作 H5 众多软件中的一个，并且门槛较低。它主打企业办公和日常运维的 H5 制作，提供数据统计功能，App 及 PC 端皆可操作。

易企秀适用于企业介绍、招聘启事、产品宣传、预约报名等。

在使用易企秀创建画板时，可以选择"模板创建"或"空白创建"。套用模板制作相对简单，选择"模板创建"即可进入易企秀模板库。

在画板页面中，包含文本、图片、背景等基础功能，除了自由创作，还可以套用单页模板。

易企秀提供视频、链接、图集等常用组件，以及画中画、画板、投票等高级组件，非常适合在营销活动中进行传播。

（3）兔展

兔展除了具备初页、易企秀的所有功能，还增添了小程序生成功能。与此同时，其视频和长图文功能与同级别工具相比，用户体验感较好。2018年，小程序成为传播和用户沉淀的重要阵地，对制作H5、小程序感兴趣的用户可尝试这款产品。

兔展的 H5 制作页面与易企秀左右相反，样式模板隐藏在各个栏目下，基础画布看起来更简洁一些。

点击右侧的"添加图片背景"字样，可选择图案和文字特效模板。图片素材库中的动图较多，很多都需要付费使用，免费素材较少，设计比较简单。

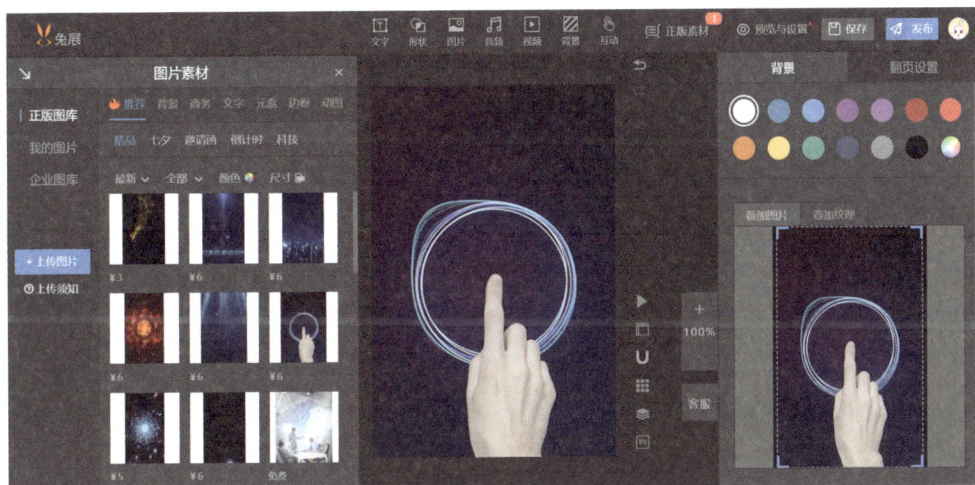

文字、形状素材可免费使用，互动组件下还有"生成海报"功能，用户可对海报进行设计。

2. 中阶 H5 制作工具

（1）凡科

凡科除了具有低阶制作工具的功能，还可以实现伪装朋友圈、接电话、发红包等功能。但别看功能升级了，操作依旧很简单，套用模板就可以实现。凡科的另一大优势是功能性网站搭建，如果你有设计 PC 网站、手机网站的需求，那么可以考虑试试这款产品。

凡科互动提供了很多素材模板，并且功能性较强，即使是使用免费版的用户，也可以使用很多素材来制作 H5。

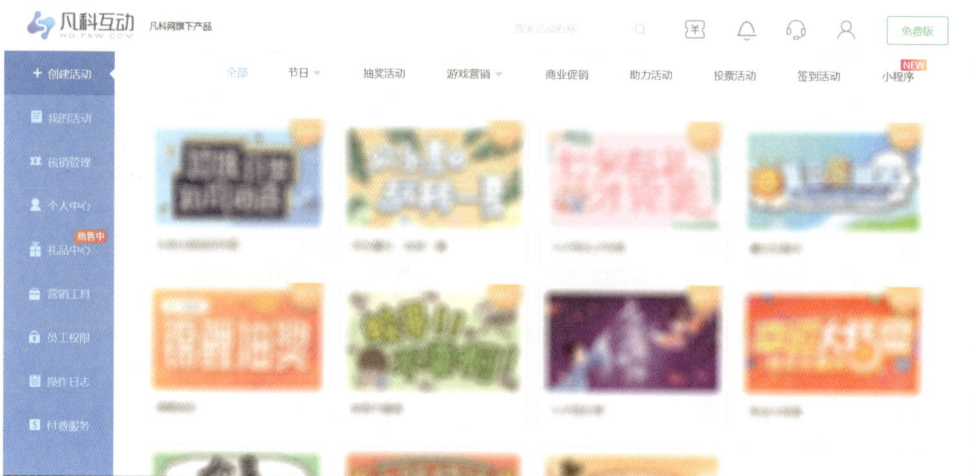

凡科的 H5 制作页面呈左右非对称分布，工具栏与画板分布比例不可调节。在页面右侧可以对文字、特效进行设置，在左侧工具栏中可看到每页添加的功能，如图片生成、活动说明、分享效果等。

用户可对画板进行自由编辑，添加微信聊天、手机来电显示等场景化背景。

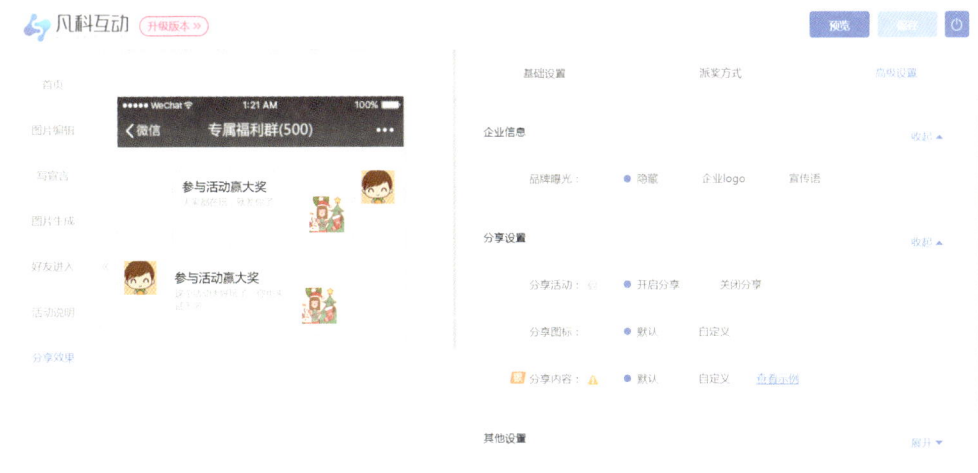

（2）720 云

720 云主打全景 H5 制作，在其网站上可以找到大量好看的全景素材图片，算是 H5 制作工具中，做全景 H5 最专业的门户。

用户可以在平台上提前购买全景图片，上传到制作页面进行编辑。

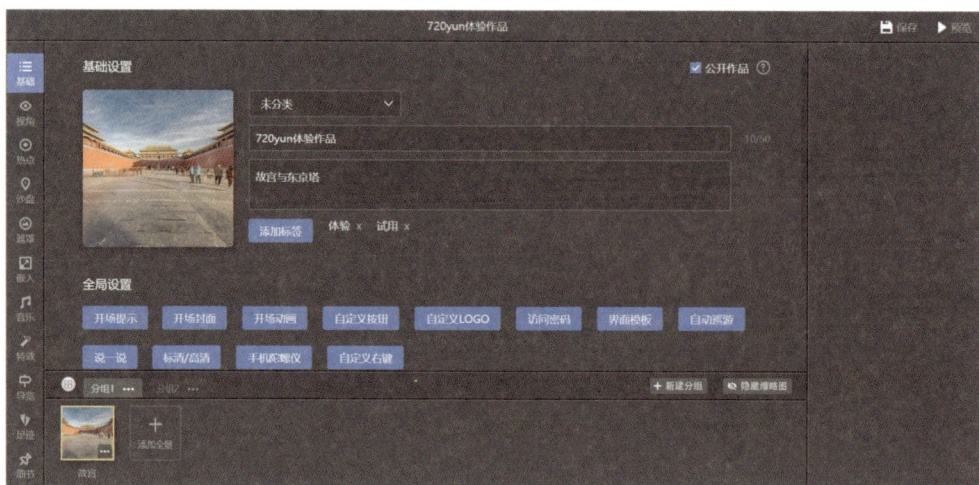

在编辑页面中，工具栏在画面最左侧，其中包含视角、沙盘、遮罩、足迹等功能，方便用户制作全景 H5。

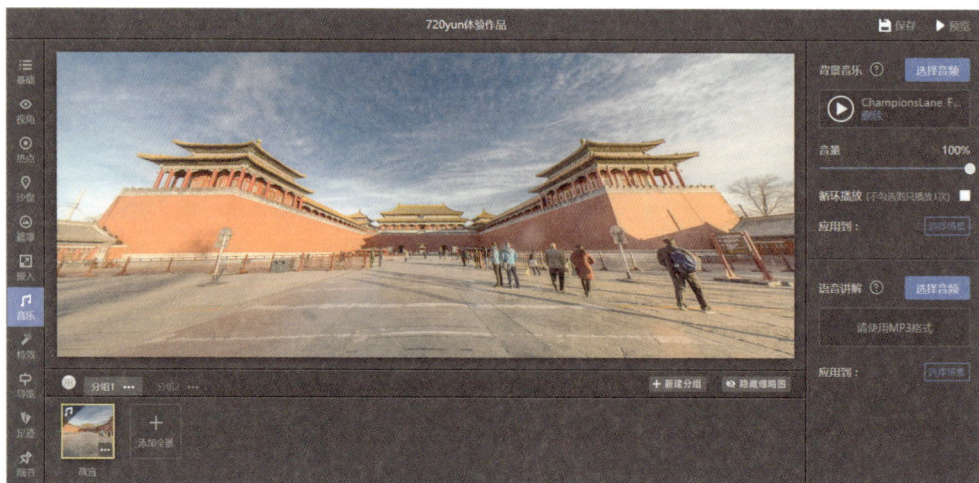

3.高阶 H5 制作工具

（1）iH5

iH5 适用于专职设计人员，学习门槛较高，但可以实现相对多样的高级效果，功能涵盖品牌展示、动画、游戏制作，建站等，同时也支持红包、支付、录音、拍照上传、获取用户个人信息等微信功能，缺点是没有制图和图标功能。

iH5 相对前几种工具，更加专业。不过即使用户是初学者也不用担心，iH5 在进入页面时，会以弹窗形式向用户提供素材和特效模板。用户可以在模板基础上进行二次创作，添加文字、图片等信息。

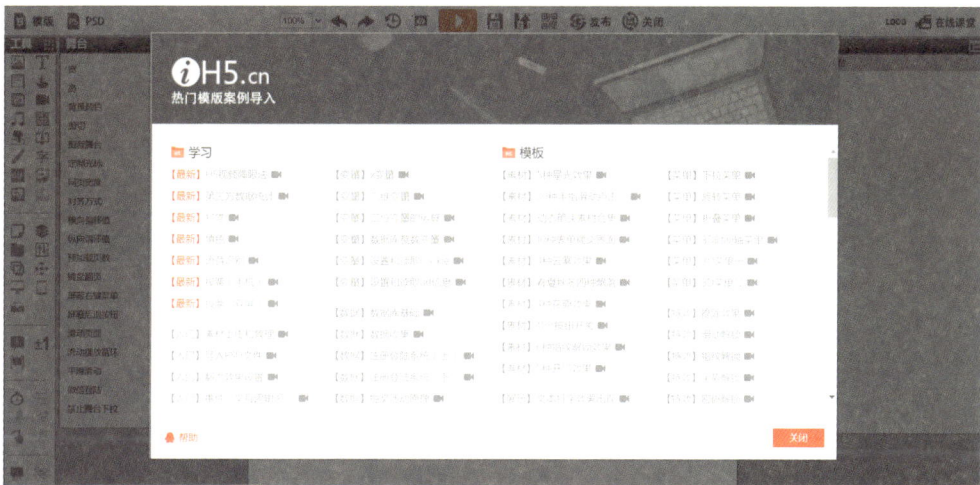

除此之外，iH5 也提供视频教学功能，点击"摄像机"按钮，即可打开相应的视频观看学习。视频播放时间大多在 10 分钟以内，按照 H5 功能可分为数据、变量、动画等课程。

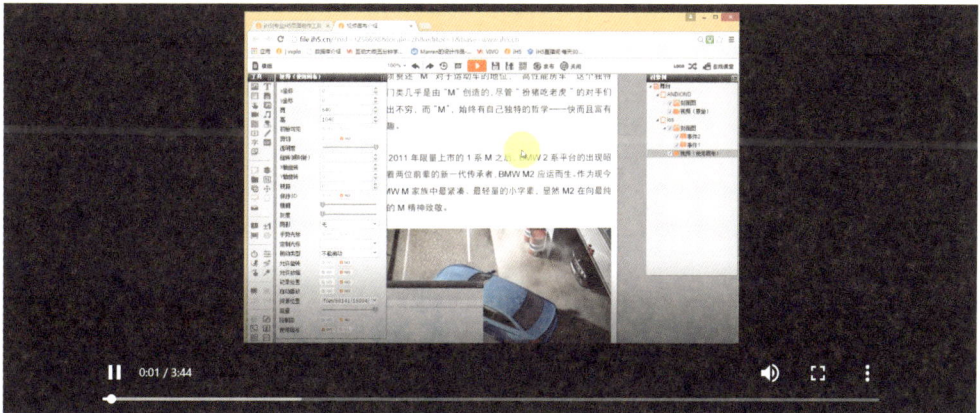

iH5 的界面与 Photoshop 的界面类似，中间为画布，左侧为工具栏，右侧显示制作步骤。相比其他几种制作工具，iH5 的自由度更高。

iH5 作为一款高阶制作工具，制作难度体现在组件设计上。除了图文、形状等基础组件，iH5 还有容器、动画、数据、素材等组件。用户可任意搭配，设计自己的 H5。

如果想用 iH5 制作一个简单的画面，可以先建立一个画布。

首先，将准备好的素材拖进白色画布，上传到后台。

接下来，单击工具栏右上角的"文字"按钮，在编辑框内输入文字。

调整文字颜色、大小和位置，一个简单的页面就做好了。

（2）木疙瘩

木疙瘩主打动画制作，可以制作关键帧动画、联动动画等，有时间线，方便操作，并且包含千种以上无代码交互效果，可实现丰富的内容创意，但它不具备微信应用功能。如果说 iH5 有点像 Photoshop，那么木疙瘩就有些像 Flash 了。进入制作界面，可以看到画布上方有一条时间轴。如果擅长用 Flash，那么用木疙瘩制作 H5 上手会比较快。

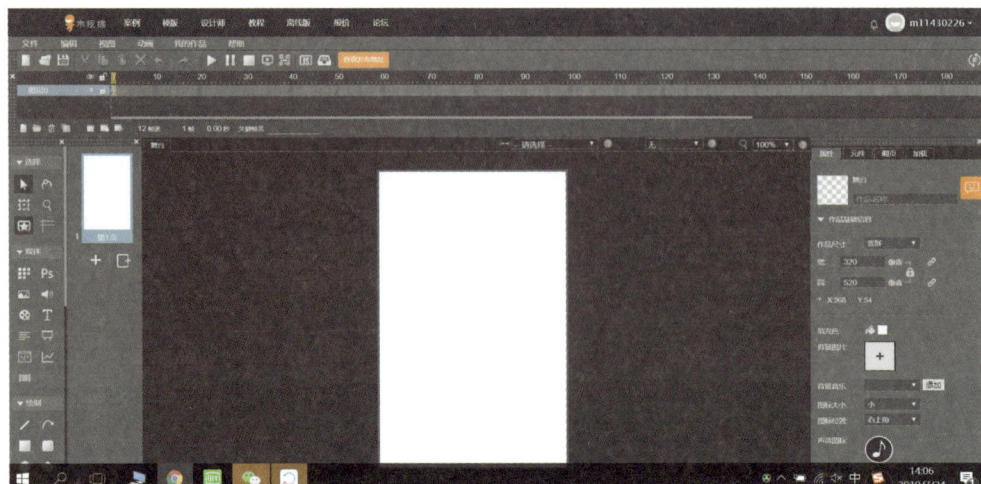

假设一个场景，一辆小车从右侧开进画面，从左侧开出，那么怎么用木疙瘩实现呢？

首先，把"小车"素材拖入画布中。

再将小车拖到画布右侧，并在时间轴的第一帧处单击鼠标右键，在弹出的快捷菜单中选择"插入关键帧动画"命令。

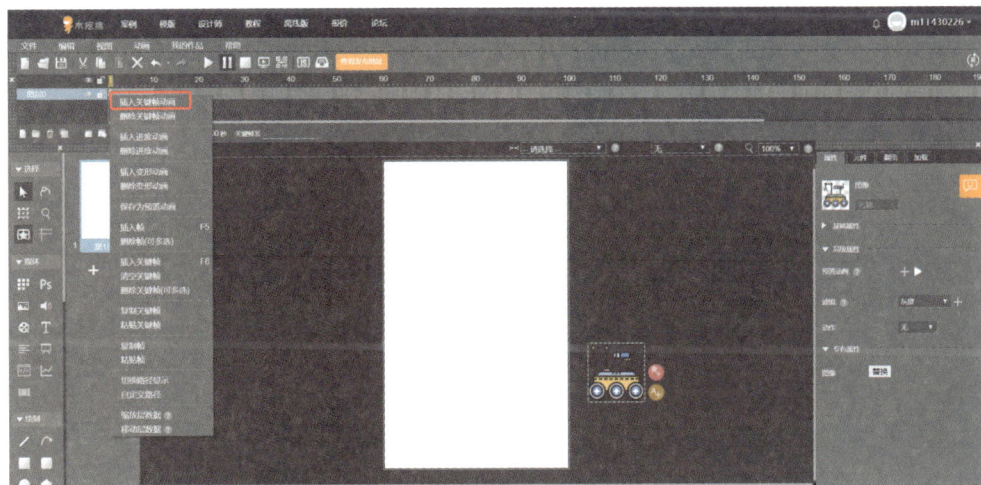

使用相同的方法，在第十帧处也"插入关键帧动画"，并将小车拖到画布左侧。

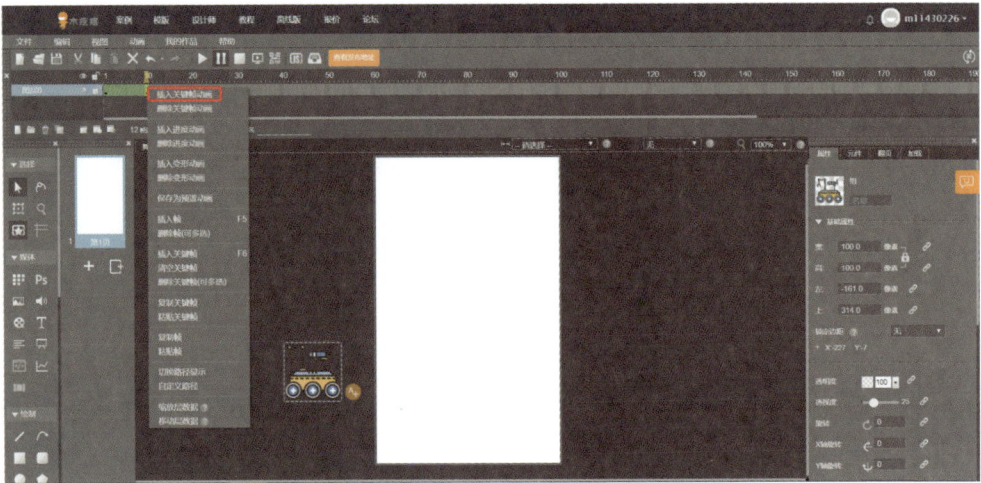

单击"播放"与"暂停"按钮，小车就动起来了。

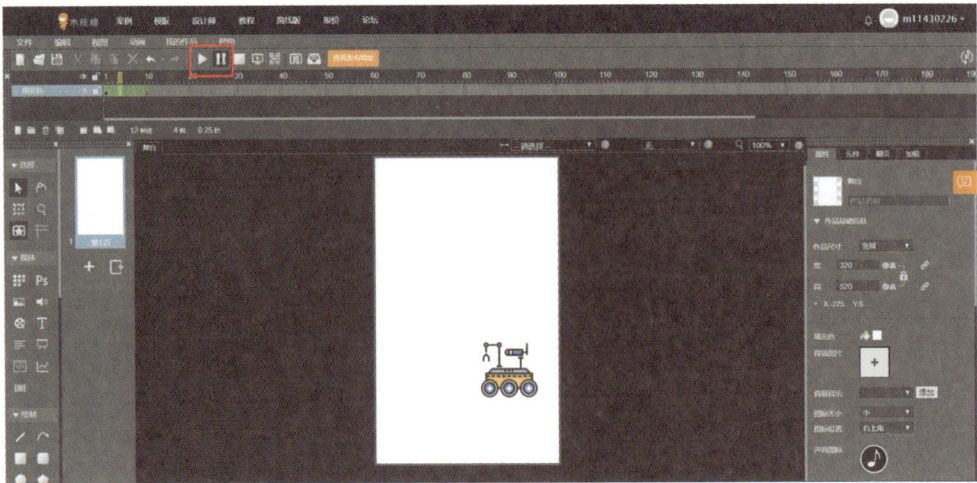

单击左上角的"保存"按钮，可在自己的主页中查看制作的 H5 动画。

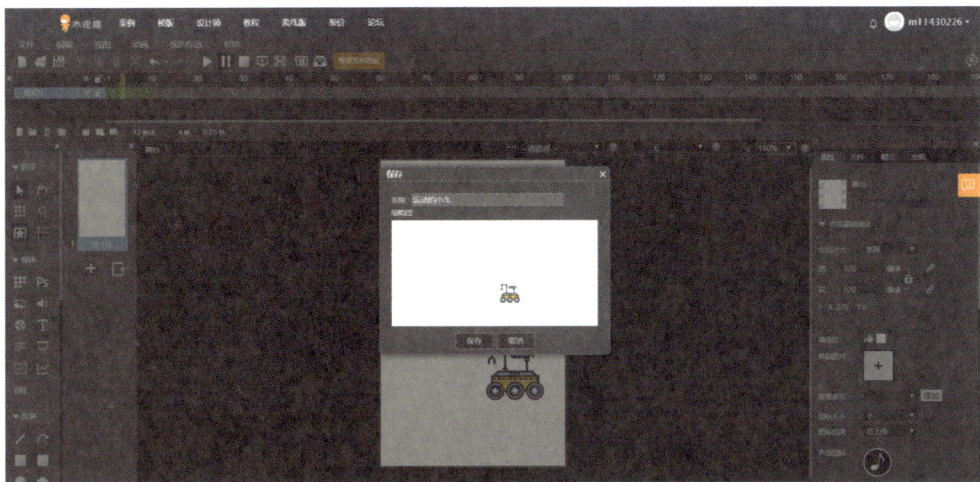

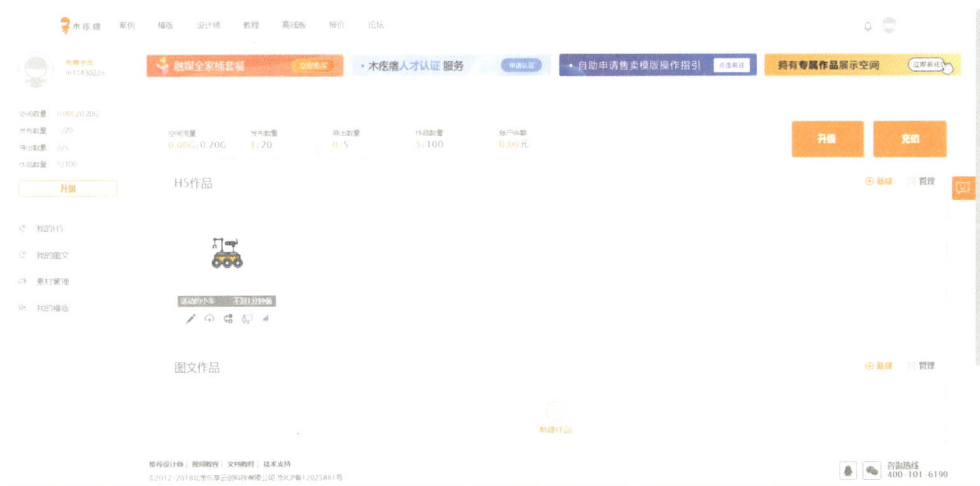

（3）Epub 360（意派）

Epub 360 的交互功能和动画效果出色，非常适合专业的交互设计师。模板种类齐全且应用时的自由度较高，用户体验棒，上手并不复杂。如果需要设计专业级的微杂志、微信小游戏、培训课件、交互产品介绍等，那么可以选择它。

　　意派的操作比较简单，类似于 PPT，但缺少引导，新用户需要一些时间熟悉它。把意派列为高阶工具，是因为它比低阶、中阶工具有着更丰富的组件，比如 SVG 路径动画、摇一摇、拖曳互动、重力感应等功能。

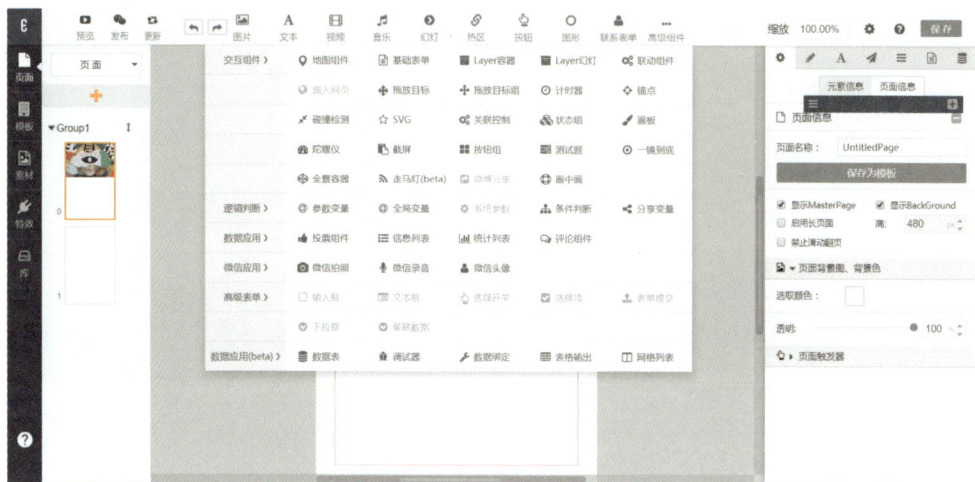

　　意派的表单功能十分实用，单击页面上方的"联系表单"按钮，即可使用表单功能。

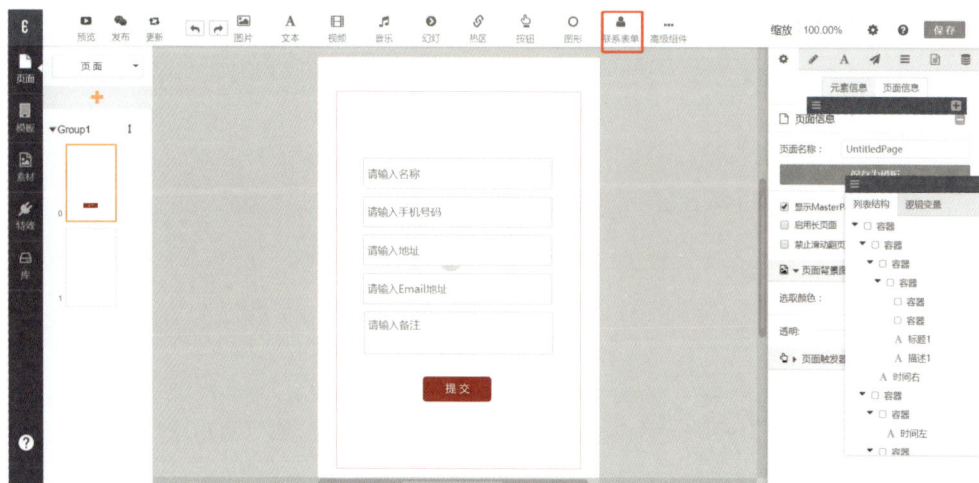

4. 工时及成本

（1）设计工时

从设计师拿到策划文档开始：

① 理解文档结构，绘制结构草图——2~3 小时。

② 细化设计封面和内页，完成初稿——2 个工作日。

③ 修改完善，最终完稿——1 个工作日。

（2）制作工时

① 设计稿切图——半个工作日（如果这部分需要设计师完成，则要将工时加在设计工时上）。

② 在 erquan 上做交互，完成 H5——2 个工作日。

③ 测试，修复漏洞（bug），对各种机型进行适配，最终完稿——1 个工作日。

（3）总工时及成本

需要 6 个工作日左右，至少需要 2 个人（1 位策划编辑 +1 位设计师）。

网易哒哒在 2016 年用 erquan 制作的 H5《我们终将会和手机结婚》，策划人员把含有文案和数据的文档排好后，作为与设计人员沟通的文档。该 H5 共 12 页，确定每页的结构草图和细化设计封面，共用了 3 个工作日，在设计稿确定后进行切图用了半个工作日。封面页及内页中的交互与动效制作可以在 erquan 上直接完成，用了 2 个工作日。最终测试查找并修复 bug 用了 1 个工作日。总计约 6 个工作日，由 1 位设计师和 1 位策划编辑配合完成。

6.1.2 代码制作

1. 代码制作的优势

如果对交互要求比较高，需要制作高难度动画或游戏的 H5，那么 erquan、易企秀等 H5 制作工具已经不能满足需求，需要前端工程师编写代码来实现。

比如，网易哒哒的动物保护 H5《她挣扎 48 小时后死去，无人知晓》，长图滑动 + 视差的酷炫效果实现起来并不容易。我们原本打算用龙骨动画做，但有些播放、暂停、循环动画不容易实现，所以换成了更复杂的 canvas。另一个爆款案例《睡姿大比拼》的核心技术是人物四肢的 360° 旋转，而 H5 工具最多只能做到人物的整体移动，要解决这个问题只能借助代码，最后我们应用骨骼动画实现了该效果。

2. 工时及成本

（1）设计工时

理解策划结构、选定画风需要 2 个工作日左右。制作设计稿需要 10 个工作日左右（可与前端开发同步进行）。

（2）前端工时

前端开发需要 12~15 个工作日。

测试，查找 bug，对各种机型进行适配，直至最后完成——3 个工作日。

（3）总工时及成本

总共需要 20~30 个工作日，至少需要 5~6 个人，包括 1~2 个编辑、1 位设计师、1 位插画师、1 位动效设计师、1 位前端工程师。

《睡姿大比拼》这支 H5 经策划确定后，选择整体设计风格及确定人物形象用了 2 个工作日。由于人物可前后翻转，睡衣等各种个性化搭配都需要做正面和反面两个版本，设计稿制作工时为 15 个工作日。前端工程师进行骨骼动画的开发工时为 15 个工作日。最后测试查找 bug 用了 3 个工作日，总计 35 个工作日执行完成。

目前，市场上代码制作精良的 H5，纯制作费用报价均在 30 万元左右，个别涉及食品拍摄、VR 制作等，成本更高。

类似网易哒哒"六一策划""哈利·波特 20 周年"等交互复杂的 H5，单个 H5 制作工期均在 1 个月以上，投入人力为 5~6 个人。

6.2
制作一支H5的步骤拆解

经过前文介绍，相信读者对制作H5的工具有了初步了解，下面就以网易哒哒的一支爆款H5《她挣扎48小时后死去，无人知晓》为例，拆解一下制作H5的步骤。

一支H5的诞生大约需要6步，即项目策划，与设计、技术人员沟通，视觉、动效设计，前端开发，测试以及上线。

寻找选题是项目策划的第一步，万事开头难，选题是最重要的策划大方向，如果一开始的方向错了，那么后面的努力都是白费。

网易哒哒团队会在小组会议中进行几轮头脑风暴，让团队成员各抒己见，进行观点的碰撞。经过多次讨论得出主观上认为最合适的选题和形式。

选题敲定后，策划编辑会开始撰写策划方案初稿。

初稿要求信息具体，详细列出H5的故事、形式、整体流程、画面分镜、转场动效及画面动效，以便下一步与设计、技术人员进行沟通。

网易哒哒团队在撰写初稿的过程中，会尽可能地列出方向不同的几种创意，并在团队内投票后，选出最优的方案。比如，在策划《她挣扎48小时后死去，无人知晓》时，团队写出两个故事版本，一个是拟人拟物＋倒叙的形式，另一个是非拟人拟物＋正叙的形式。在团队内投票选定第一个版本，也就是现在H5呈现出来的故事。该版本的创意，把动物比作人物，先说出故事的结局，再倒叙故事的发展。

策划方案初稿的完成只是一个小小的开端。有些H5策划人员觉得最后实现的效果与预想的不一样，关键就在于欠缺沟通。

很多天马行空的创意往往在技术上很难实现，执行人员不一定能做出理想的效果。所以必须把团队预期的效果与执行人员讲清楚或做具体的示范，这样才能让制作双方意见一致，达成预期目标。

为了顺畅地沟通，提出合理的建议，策划人员最好能懂一点设计和技术知识，不要求达到专家级别，但要有起码的审美能力，对不同的画风有一定的涉猎和感知力，对技术有一点了解。

沟通非常重要。为了加强沟通，让策划人员与执行人员互相"懂"得彼此，网易哒哒团队在开始制作 H5 前，会开展多次会议来优化方案，确定各种细节问题。

在制作《她挣扎 48 小时后死去，无人知晓》时，策划人员与设计人员经过多次沟通，才确定了主题风格与设计画风。由于该 H5 主题比较严肃，策划人员建议选用压抑且有厚重感的色调。为了适应传播以及凸显品质，设计人员从几版样图中确定了黑白画风，凸显 H5 的质感与辨识度。

在画面细节与交互形式上，为保证画面最大限度地还原，策划人员会先把自己想象的画面画到纸上，有时也会上阵摆拍，便于设计师参考。商定画面后，设计师和画师会按照理解给出专业建议，综合团队想法定下最优画面方案，并确定排期。

在 H5 的玩法和交互技术上，团队会与技术人员多次试验并评估动画效果，从用户第一感受出发，保证 H5 好玩不复杂，最大限度地增强用户的体验。

多次商议结束后，策划人员会继续完善策划方案，整理与设计、技术人员的讨论结果，紧盯 H5 制作流程。

在确定 H5 的画面内容与玩法形式后，就该进入设计师、插画师和动效师的主场了。在设计《她挣扎 48 小时后死去，无人知晓》时，设计师主要对画面场景进行绘制创作，细节部分则交由插画师完成，比如小女孩一家、怪兽等关键人物。

策划人员这时也要紧盯进度，及时跟进设计师、动效师产出的物料，确保每个场景符合最初构想的策划要求，提高效率。

如果等整个 H5 制作出来，再发给团队成员确认，则可能导致后期修改压力较大。所以设计师和动效师每做完一个场景就会发到工作群里让策划人员评估实现效果，进行调整，争取做好每一步工作。

在设计过程中，有很多细节需要一点点敲定。比如，一张图中应该突出哪段对话，着重刻画哪个表情，或者动效的幅度、样式是否能达到最佳观看体验。

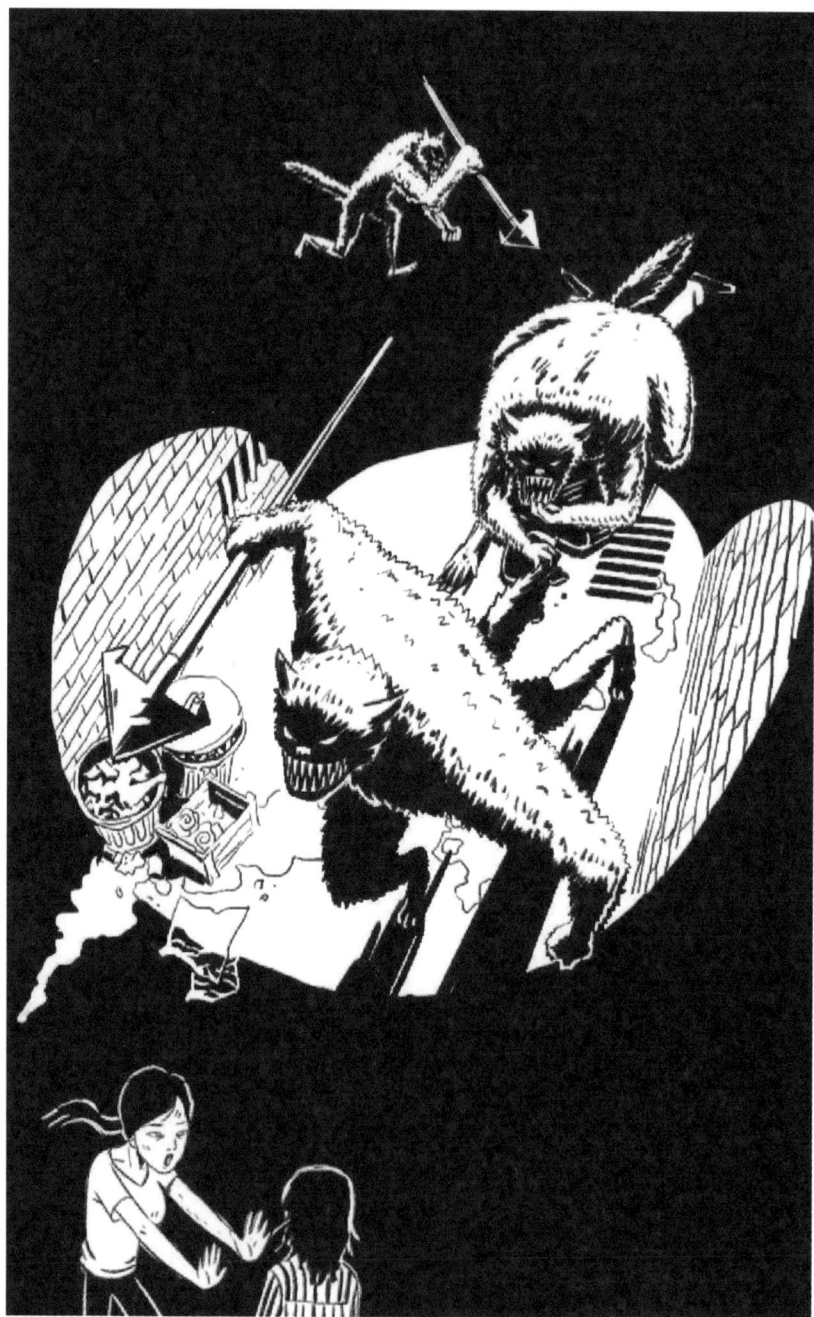

我生活的地方曾经平静美好

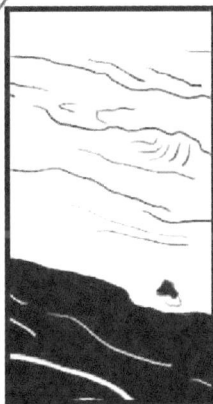

当所有物料准备产出完毕以后，前端工程师就可以开始进行开发了。如果工期紧张，那么动效制作和前端开发可以同步进行。

前端工程师需要根据工期、项目预期效果选择开发方式，所以前期会与策划人员多次沟通，确定好技术呈现形式。另外，编写代码时，也需要考虑用户的手机型号、内存容量等因素。《她挣扎 48 小时后死去，无人知晓》的插画量很大，一些安卓手机内存较小，不能完成播放 H5。所以网易哒哒团队放弃了龙骨动画，改用 canvas 和 scroller.js。这支 H5 一共开发了 2 周多，多次试验后才保证 H5 在苹果和安卓手机上播放都不卡顿，并实现了单次播放、暂停、循环动画等效果。

前端工程师与动效师也要在制作前期确认好预期效果，减少重复返工。

H5 开发完成后，就进入重要的测试阶段了。这一阶段的工作主要是找出开发中存在的 bug，以及测试 H5 在不同机型上的适配度。这时需要团队动员身边人试玩 H5，给技术人员提出修改建议。

制作 H5 时难免会有几个 bug，需要技术人员想方设法解决掉。浏览 H5 的机型数量排名前三的是：苹果、华为、OPPO，其中 iPhone 6 和 iPhone 6 plus 是苹果机型中的 bug 大户，安卓机型卡顿的概率更高，主要会出现 Loading 时间过长、音画不对位，以及黑块、闪退、白屏等问题。

如果测试后不再出现问题，即可准备上线。上线的时间也有讲究，应避开周一、周六、周日及放假前夕。这些时间点，用户比较忙碌，也有可能会被节假日分散注意力，所以这些日子不适合上线。工作日上线 H5，尽量注意避开大热点，避免热点时间被分流。如果是节庆和热点主题的 H5，则需要把握热度，选好上线时间。

一支 H5 需要策划人员、设计师、插画师、动效师、前端工程师的共同参与，过程烦琐。若想产出一支高质量的爆款 H5，则要经过重重打磨和无数次的讨论。

第七章

网易哒哒的爆款案例复盘

网易哒哒被外界称为"爆款制造机"。自 2016 年以来，我们制作了《睡姿大比拼》《她挣扎 48 小时后死去，无人知晓》等现象级刷屏 H5，曾创下 3 天内刷屏 2 次、2 年刷屏 6 次的业内传播纪录。很多人对我们能持续性打造爆款的秘诀感到非常好奇，本章就来讲讲 H5 的传播秘诀。我们整理了 6 支网易哒哒爆款 H5 的全面复盘总结，首次分享它们背后的创作经验和爆款秘诀，愿与诸君共勉。

7.1
《睡姿大比拼》

　　《睡姿大比拼》是我们在 2018 年 4 月推出的互动游戏类 H5，从 3 月 1 日开始策划制作。原本预计在 3 月 21 日的世界睡眠日上线，借此节点呼吁睡眠健康，但在制作过程中，为了让 H5 达到最好的效果，我们对作品不断地修改和完善，最后错过了节点，跳票了半个多月，但这依然不影响它在社交网络上刷屏。

　　那么，究竟是什么关键因素促成了《睡姿大比拼》的刷屏效应呢？首先，在主题的选取上，我们要给用户一个参与和分享的理由，要精准洞察用户的需求。"睡姿大比拼"这个内容主题主要瞄准年轻群体，年轻人喜欢展现自己，也渴望被别人了解。相比白天被众人看到的精心打理的自己，睡眠状态则更私人化，睡姿愿意被他人知晓的人很少，而还原睡姿、睡衣样式和房间小物品，可以帮助用户展示自己的情感状态、兴趣爱好、个人风格等，全方位帮助用户在朋友圈晒出人设。

　　其次，利用攀比心理。这支 H5 运用"比拼"概念，本身也有在用户之间形成攀比的意味。不同的睡姿能表现出每个人不同的个性，像恶搞型的睡姿就能表现出用户私底下有趣、萌的一面，当你看到朋友圈有人在通过这种方式彰显自己的可爱时，在一定程度上也会激发你和这个人比拼一下谁的睡姿更可爱的欲望。当越来越多的人加入这场"比拼"时，新的攀比点就会在用户的自发创造中不断涌现，有很多用户会比拼谁的 pose 更鬼畜，比如用 8 个小人的胳膊摆成数字"0"，或者让小人四仰八叉地躺在铺满《五年高考，三年模拟》的床上。用户的想象力能够源源不断地创造攀比点，这些攀比点可以有力地带动转发欲。

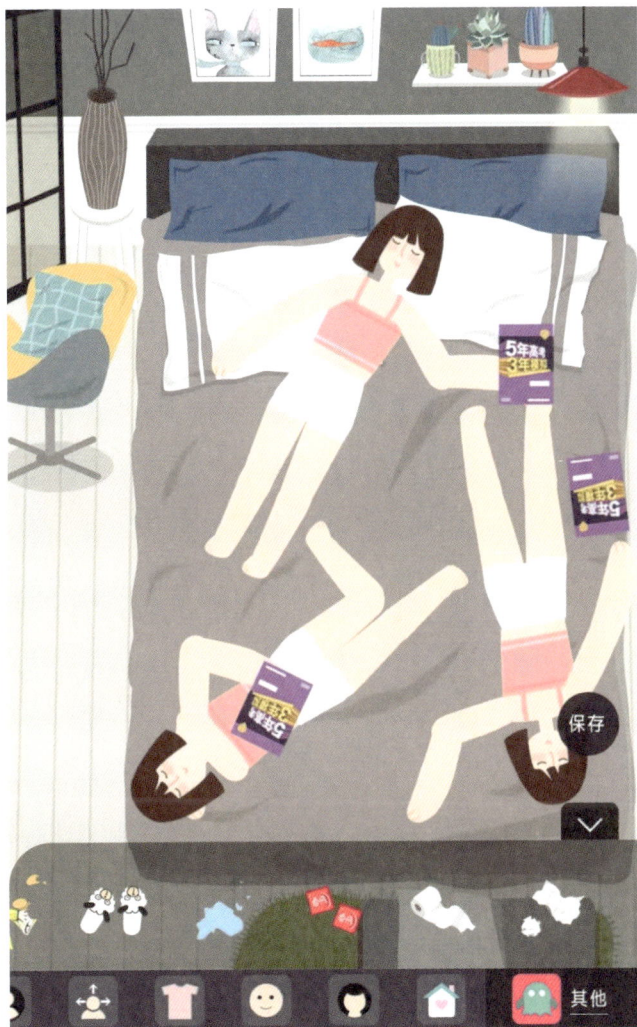

　　人有千面，用户的睡姿也是千奇百怪的，如果用户不能摆出自己想要的睡姿，达到最大限度的个性化，那么H5的趣味性就会大大降低。因此，在技术上做创新，让用户摆出各种睡姿，就成为一个难点。与常规的个性化定制H5不同，《睡姿大比拼》使用骨骼动画作为技术支撑，让用户可以充分参与，创造出想要的结果，利用UGC内容的魔力做传播。比如，可以让小人左侧卧、右侧卧、趴着，甚至能做出把腿拧到背后这种高难度动作。

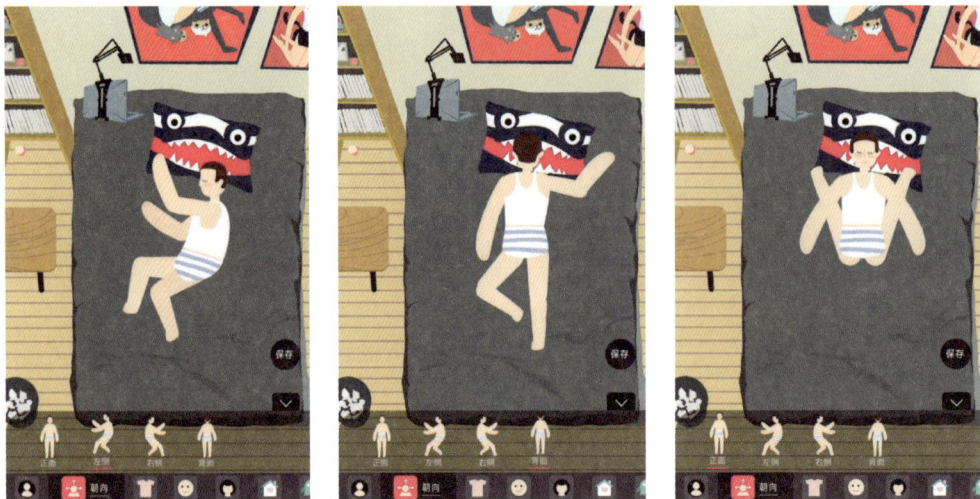

　　然而，个性化并不意味着所有内容都要用户自己来创造。用户的投入是有限的，如果整个卧室都要自己设计，那么用户很有可能因太麻烦或者摆不出好看的卧室而放弃分享。因此我们预设了几种卧室风格，让用户把精力集中在摆弄睡姿上，无论用户怎么去摆睡姿，整体的分享图都不会很难看，从而降低了分享门槛。

　　除了正确的内容主题，能否把确定好的内容和目标执行出来，也是一个难点。一个完美的执行，是能够把策划阶段所规划出的传播点进行强化的。在《睡姿大比拼》的执行过程中，主要对两个关键点进行了把控。

　　第一，帮助用户打造完美的社交网络人设。他们喜欢自己被贴上"有趣""积极"的标签，并且希望朋友圈好友知道自己的优秀人设。因此，我们在房间风格、睡衣、表情和小物件的选取上尽量满足多种标签的适配，比如设计了7种适合不同睡眠习惯的人使用的睡觉表情，包括平静、微笑、流口水等。现在年轻人普遍有晚睡、失眠的情况，针对此现象，我们还专门设计了失眠数羊的表情，增加趣味性。

除此之外，小物件中还有恶搞必备的"尖叫鸡"、学霸读物《五年高考，三年模拟》等，用这些彰显个人品位的标签，替用户说出内心的话："你们快来看看我这个有趣的灵魂呀！"

第三，简单的交互形式更适用于H5。抢占用户的时间是很难的，一支H5如果不能做到在5秒内让用户看懂，一般就失败了。《睡姿大比拼》在设计交互之初就考虑这一点，因此我们尽量采用简单的常规交互，用户只需动动手指，滑动人物的四肢或点选小摆件即可完成游戏，再配合清晰的玩法演示动画和文字说明，便于用户快速理解操作方法和H5主题。其实，《睡姿大比拼》的成功不是一蹴而就的，我们此前在这方面也做过很多突破和尝试，也积累了一些经验，比如我们曾经推出的一款测试H5，由于逻辑和交互设计过于复杂，而让用户无法理解，未能达到传播效果。所以我们在设计H5的过程中，首先考虑交互的简单性。因为互动设置的目的是让用户有参与感，而非秀技术。

《睡姿大比拼》的火爆也让营销人员产生了一些品牌层面上的疑问，比如"记住了有趣的内容却忘记了背后的品牌，这样的营销有什么意义？""品牌营销和社交传播能不能兼得？"等。

其实，如何取得品牌和传播之间的平衡，也是团队一直在思考的问题。网易内部其实有多个团队在做 H5，每一次的刷屏都在传播"网易新闻"这个品牌。品牌认知会遇到粉丝沉淀的问题，H5 刷屏不像公众号文章刷屏，可以通过刷屏沉淀粉丝，要想让用户记住背后的品牌，内容团队需要不断产出爆款作品。单次的爆款传播，很难让用户建立起品牌印象。刷屏的内容，能给品牌带来一次集中曝光，但如何将品牌曝光深化，还需要在产品需求和用户认知层面继续跟进。

《睡姿大比拼》首次把骨骼动画玩法应用到拼摆动作类的游戏之中，可以说是用轻松愉快的简单互动，迎合了用户的娱乐化需求。对于 H5 策划，或者对于品牌合作，我们认为创意难以估价，然而目前在内容制作成本上，策划创意占成本的比例很低，但往往一个好的创意能够决定传播的效果。对于社交传播，策划人员也需要明确到底想要的是转化率还是品牌效果，这两者一般很难兼得。

7.2
《她挣扎48小时后死去，无人知晓》

《她挣扎 48 小时后死去，无人知晓》是一支以保护动物为主题的公益 H5，以第一人称讲述了一个反转故事：女孩岚的家乡遭遇了一群怪兽的血腥屠杀，岚的同胞全部丧生，父母也为了救她而牺牲。然而，在岚生命的最后一刻，故事突然反转，岚哭诉道："残忍吗？如果我不是人类，而是一头蓝鲸，你们还能感受到我的绝望吗？"恐怖的怪兽这时也变回了人的样子。原来，怪兽就是人类，而女孩则是受人类捕杀影响而濒临灭绝的蓝鲸。

其实，很多人并不看好黑白色调的沉重题材的传播潜质，因为我们普遍认为轻松愉快的东西更容易在社交网络上刷屏。事实上，沉重题材的刷屏 H5 确实不多，尤其是以保护动物为主题的 H5，但是如果能真正把这个故事讲得使用户有所触动，就会激发用户自发传播。沉重的主题可能并不是传播链上的最优项，但是并不意味着不能被传播起来。那么，有哪些关键点促成了《她挣扎48小时后死去，无人知晓》的刷屏呢？

第一，成功调动了用户的同情心和愤怒感。《她挣扎48小时后死去，无人知晓》是一支条漫型H5，用讲故事的方式表现动物保护主题，我们为什么选择这种方法呢？这是因为，条漫作为一种叙事形式，兼具图像和文字的信息传递优势，能够将承载诸多内容和意义的动物保护主题，更为直观地呈现出来。图文漫画在H5中可以与动效、音效相配合，打造出令人耳目一新的内容形式。通过漫画故事诠释保护濒危动物的意义，也能让读者更有代入感。而"故事"是"情感"的天然承载体，在唤醒情绪方面具有先天优势。《她挣扎48小时后死去，无人知晓》的故事核心是"换位思考"，我们在生活中总说"换位思考"，而真正能做到换位思考的人可能并不多，所以我们帮助用户、引导用户进行换位思考。单说濒危动物的处境，不会让人有很强的代入感，因为不是发生在我们自己身上的。因此，我们用了拟人（将蓝鲸比作小女孩）+ 拟物（将人比作怪兽）的手法，让用户去感受这样一种可能：如果人和濒危动物互换身份，那么去经历它们所经历的残忍之事会怎样？以此让人们更加真切地理解保护濒危动物的意义。在该H5中，先是讲了一个与人有关的杀戮故事，然后在用户好奇主人公的命运将何去何从的时候，突然反转，让人大为震惊；加上故事后面血淋淋的视频案例：切割鲸鲨、锯犀牛角等残忍的真实画面直击心灵，使用户的情感由同情转为愤怒，而"愤怒"本身是一种调动转发欲的高唤醒情绪。可以说我们做了一个"共情设置"，但从效果上来看，你看完一定会发现，这样的手法确实比直接去讲这个故事更能触动用户。

第二，注重画面、音效与内容之间的配合。因为这次主题较为严肃和沉重，设计师和画师决定用黑白漫画去贴近主题的调性。蓝鲸撞船而死后，黑白底上点缀大片红色血迹，与之前形成视觉反差，突出蓝鲸死亡的悲惨，制造感官冲击，渲染情绪。在画面角度上，也更多地运用了能抓住用户视觉焦点的构图角度，将用户更好地代入故事情境中。在音效方面，我们根据剧情节奏和画面氛围，把自己代入故事中，体会每个场景的情感，搭配选择音效，因为音乐是传递情绪的媒介。《她挣扎48小时后死去，无人知晓》的前半段叙述怪兽对人类进行追捕和残杀，这里需要让用户感受到和女孩一样的恐惧，沉浸到故事氛围中，所以我们选用了一首紧张恐怖的背景音乐。后半段烘托濒危动物现状，直接感受是悲伤，中间夹杂愤怒，所以选用一首悲愤的音乐。对每个音效都会测验用户反馈，进行不断调整。

第三，开头制造悬念。H5的开头非常重要，用户的耐心有限，需要尽可能快地调动他们的好奇心，让他们有看下去的欲望，但这对于后面内容比前面内容精彩的 H5 来说十分吃亏。而《她挣扎 48 小时后死去，无人知晓》恰恰就是这样的 H5，它的亮点在于后面的人、鲸身份反转，能够唤醒转发情绪的内容也在反转之后，这意味着故事的前半段很容易流失用户。为了弥补这一点，我们在开头特意加了这样一段文案："在这个故事的最后，你会看到一些从未忘记过的名字。"该文案的目的就是吸引用户看到最后，看看究竟是哪些名字是从未忘记过的。

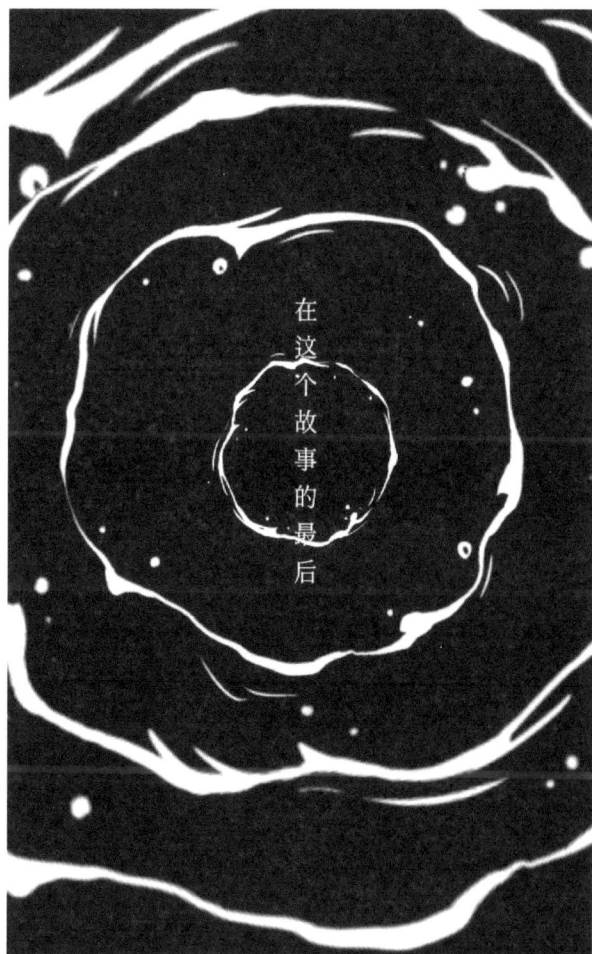

在这个故事的最后

　　上述文案消失后，随即出现小女孩惊恐的脸庞，她哭着说："救救我！"小女孩的呼救勾起了用户的同情和好奇。这个女孩到底经历了什么？她为什么要求救？吸引用户带着疑问看下去。

除此之外，女孩呼救后，我们加了一页打斗场景，怪兽用鱼叉把女孩从第二个漫画格子里直接打到第三个格子里，再用烈火动效转场，破框的视觉效果和火焰动效起到吸睛的作用，这样的设定也是为了在开头就给用户带来震撼感。

最后一点，公益主题的转发意义。获得意义感是用户转发至朋友圈的动机之一，也就是转发行为能给用户带来一定的精神满足。《她挣扎48小时后死去，无人知晓》是以动物保护为主题的公益H5，它所传达的爱心和善念能够唤起人们内心的责任感。用户的每一次转发都能使濒危动物的悲惨处境有能被看见的机会，都能为它们的生存谋得一线希望。因此，转发行为变得崇高而有意义。

在制作过程中，我们也曾遇到很多困难。其实，原脚本的故事内容要比现在丰富和细腻得多，但设计与美术方面的工作量巨大，我们不得不忍痛删掉了一些情节，来保证整个H5不至于出现加载过慢、观看时间过长等问题，我们同时也在转场动效和视差效果上增添了更多亮点，确保用户能在现有情节的基础上，更加直观地理解这个主题。另外，在技术方面，我们原本想用比较简单的龙骨动画去实现，但其功能有限，为了打造完美的效果和用户体验，我们改用了更复杂的代码实现方法，因此前端工程师不得不加班加点赶制。动效设计也同样如此，仅开头的火烧动效就修改了N个版本，才达到现在的效果。

《她挣扎48小时后死去，无人知晓》在朋友圈刷屏后，很多人对我们的引爆方式或渠道投放方案产生了好奇。其实，网易哒哒的H5都是从同事的个人朋友圈开始分享传播的，通常不会刻意先找太多渠道投放。一般当天下午先在朋友圈传播，有传播潜质的H5基本在2小时后就可以达到第一个流量高峰。先从个人朋友圈开始分享，主要是为了测试，测试社交传播效果以及查找bug。当网易哒哒的H5由非网易的同事转发，逐步突破圈层开始转播时，我们即可判断该H5有被分享起来的可能性。

微信、手机QQ等就是最大的渠道，社交传播的魔力在于传播裂变，一个没有刷屏潜质的内容策划，无论再找多少渠道推，都不会有自然转发流量。当然，有更大的渠道推广，就会有更高的"起爆点"，有可能触达更大范围的人群。所以，一个H5会不会被刷屏，我们事先并不知道。同时，这也充分证明，如今是"内容为王"的时代，用户拥有了话语权，只有"用心去打动用户"的作品，才能在社交网络上真正地被传播起来。

7.3
《测测你的哲学气质》

　　《她挣扎 48 小时后死去，无人知晓》H5 在 9 月上线后，团队开始着手准备下一个项目。我们长期研究用户的社交行为，发现他们对测试的需求量很大，这启发了团队——我们可以做一个帮助用户认知自己的心理测试。但是，2018 年出现了非常多的优秀的测试，想要从一众测试中突出重围并不是一件容易的事情。为了能够脱颖而出，我们需要在主题上有突破性的创新。网易哒哒在主题上有一套自己的方法论，我们筛选了热点、IP、网络热词之后，锁定了节日热点——11 月 22 日的"世界哲学日"。

　　世界哲学日是一个比较低调的节日，但哲学却一点都不低调。"哲学 + 测试"这样的组合绝无仅有，足够有创意；哲学自带光环，和测试组合在一起，能提升测试的调性；哲学与心理测试都给人专业、神秘、高深的感觉，所以我们相信这对组合一定能在朋友圈共振出巨大的威力。

　　果然，《测测你的哲学气质》上线之后，不仅朋友圈，这支 H5 甚至火到了微博、知乎和 B 站，被《奇葩说》的 BBKing——邱晨推荐。《测测你的哲学气质》为什么能成为爆款？下面我们就对它展开详细的分析。

　　用户喜欢做测试，尤其是关于探索自己性格、人格、潜能这样主题的测试。究其根本，其实是用户在自我认知上的需求。除了专注于探索自己，用户还有自我展示的渴望。每个人都倾向于公布自己最好的一面，塑造优秀、聪明、美丽的形象。所以如果一个测试既能帮助用户认识自己，又能对外展示一个更美好的自我，就能正中用户下怀，而该测试就已经有了被需要的可能性。但这并不意味着只要是测试就一定能火起来。我们在策划过程中一直思考的问题：用户为什么一定要来做你的测试，而不是其他的测试。为了回答这个问题，我们做了如下安排：主题一定要新奇，结果要一击即中。

1. 主题一定要新奇

　　正如我们之前所说，2018 年出现了很多测试，后来业界有人总结 2018 年是 H5 的测试元年，可想而知其数量之庞大。为了让我们的测试更有吸引力，我们在主题上做了一个非常有创意的设计——测试用户的哲学气质。之前，有套用星座、职业性格等主题的测试，但是没有出现过哲学气质这样的新颖组合。哲学是一门高深、自带高级感光环的学科，基于晕轮效应，《测测你的哲学气质》显得非常专业和神秘。用户在用碎片时间刷朋友圈时，新奇、专业、神秘、高级等主题，能吸引他们宝贵的注意力。

2. 结果要一击即中

　　用户花时间做完某些测试，但是有时会觉得测试结果并不像是在说自己。所以，只有一击即中，让他们油然而生出那种"天哪，这不是我吗"的想法，我们才算完成了刺激用户转发的第一步。为了使测试结果精准，团队研究了大量的人格模型，提炼出不同人格的共性与特性，为写结果文案做了充分的准备。在做这个测试之前，我们便已经发现，大多数人有两张面孔，即他们的内心和表现出来的并不一致，比如一个安静内向的人，内心也有反叛、个性的一面；一个看似孩子气的人，内心却很有想法……我们搜集了很多这样的洞察资料，将它们与人格的共性和特性结合在一起，让文案的准确度更高。

　　主题要先声夺人，为了让用户能感受到，这是一个通过哲学题来测试用户人格气质的专业 H5，在强化这个测试的专业性和准确性上，我们做到了如下几点。

1. 给用户沉浸式哲学主题的测试

　　一般的心理测试 H5，测试题要么与主题无关，要么使用一些陈年的心理学测试题，既不专业又没意思，削弱了用户对 H5 的信任度，降低了用户的尝试意愿。用户是渴望接触到专业、有趣并且低门槛的人格测试的。前面提到的测试只能做到低门槛，全然抛弃了专业和有趣。有这样的前车之鉴，《测测你的哲学气质》在制作过程中特别注意将三者融为一体。

哲学专业门槛高，我们就将一些哲思生活化、场景化，做出用户能看懂、能理解的测试题。我们经常会思考命运，有人认为"我命由我不由天"，也有人认为"冥冥之中自有天意"，这两种观念对应了哲学中的自由意志和决定论，所以《测测你的哲学气质》第一题——你所经历的一切是：A.命中注定的；B.由你过去的选择决定的，就完美地将哲学和用户日常结合，用户在做题时只需代入自己的感受即可，并不需要多余的思考，因此会感到很轻松、熟悉。

场景化的哲思题，例如第 3 题与第 4 题，分别来源于真实的行为艺术作品《海伦娜》和哲学家设想的思想实验，在一个具体的场景中，从不同行为来探讨哲学，让用户置身于有趣的场景，按照自己三观的引导做出判断。生活化和场景化的哲学题，有哲学专业、神秘的一面，也有让用户感到熟悉、有趣的一面，题目循序渐进地引领他们对命运、死亡、快乐等主题进行思考。

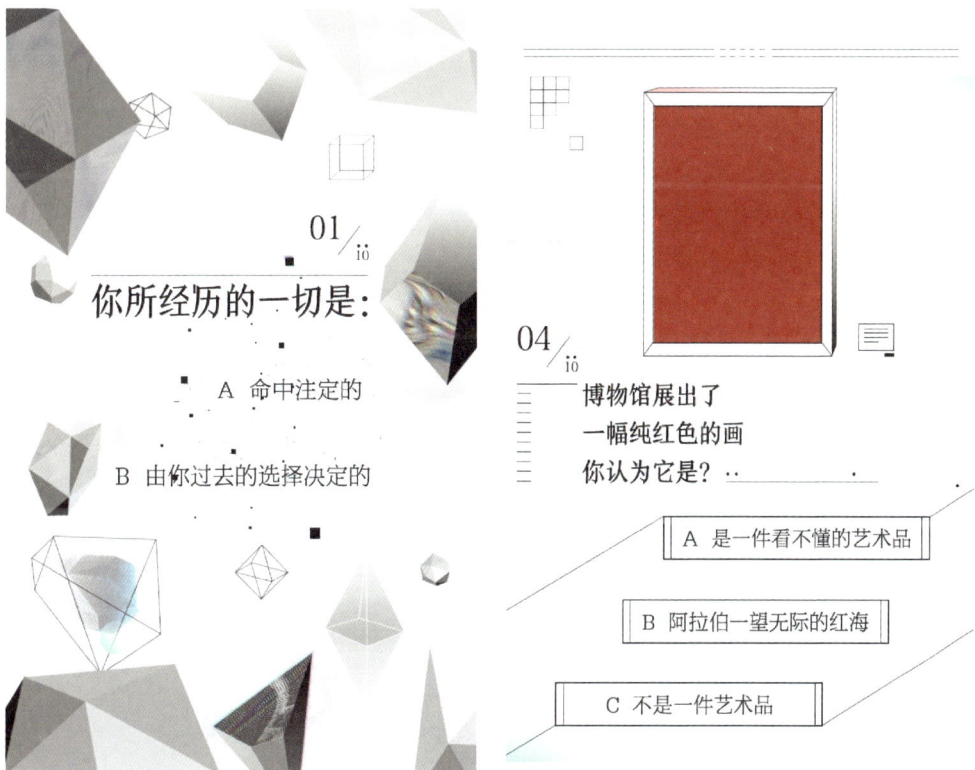

01/io

你所经历的一切是：

A 命中注定的

B 由你过去的选择决定的

04/io

博物馆展出了一幅纯红色的画你认为它是？

A 是一件看不懂的艺术品

B 阿拉伯一望无际的红海

C 不是一件艺术品

在以前的策划中，我们发现 H5 的视觉在帮助主题营造氛围上有非常大的作用，所以《测测你的哲学气质》特别注重在设计和动效上凸显哲学气息，营造真实的沉浸体验，强化主题。

该 H5 的设计元素大量使用洁白的石膏像、理性的线条以及色块、粒子等，来贴合用户对哲学的印象：唯美、理性、神秘。想要题目与题目间过渡自然，在设计和动效上就需要有逻辑性。例如在用户答完第 6 题之后画面扭曲变成了第 7 题；在用户答完第 8 题以后，画面上的石膏像瞬间移动成为第 9 题的背景。这种有逻辑的设计不仅是为了让题目之间过渡自然，更深层的含义是让用户感受到事物之间所蕴含的若有若无的联系，让用户能更直观地对哲学有所体会，凸显哲学的神秘。我们对于设计和动效的需求并不仅限于此，除了能让用户身处哲学的氛围之中，我们还希望用户在测试的过程中能体验到真实感。所以我们做了一些具有小心机的处理，让用户做出的选择能直观地感受出来。

在 H5 首页，点击"点击开始"按钮，页面会荡出涟漪，这种反馈是告诉用户即将进入一个新的世界。第 3 题金鱼"海伦娜"装置，A 选项"按下搅拌机开关"，被设计成一个开关按钮，用户一旦选择 A 选项，就会有真实的开关被打开的效果，同时金鱼会变成红色波点，继而将整个画面染红。如果用户选择其他选项，不让金鱼死掉，就不会触发这个动效。这样的安排能真实地让用户看到自己的选择所带来的结果。第 10 题，在设计上做成了两道门，选择打开左侧的门，得到一次人生重来的机会；选择打开右侧的门，继续现在的人生。用户选择其中任意一道门，门都会打开，真实地进入。这种真实的体验，特别有利于引发用户的思考，让哲学主题更加深入人心。

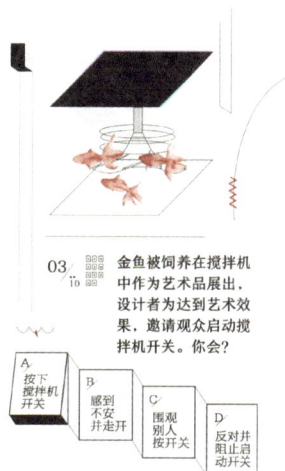

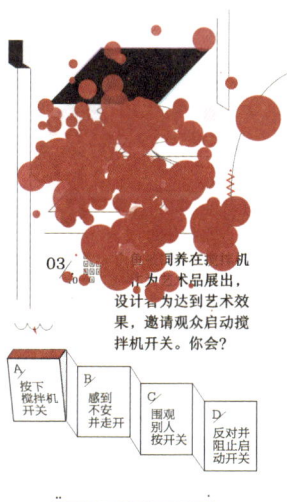

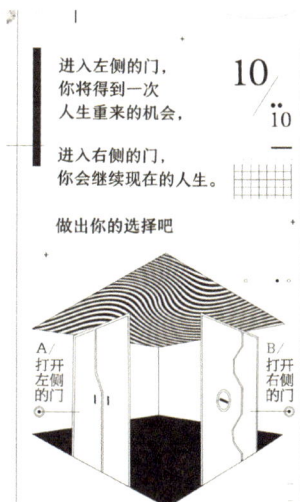

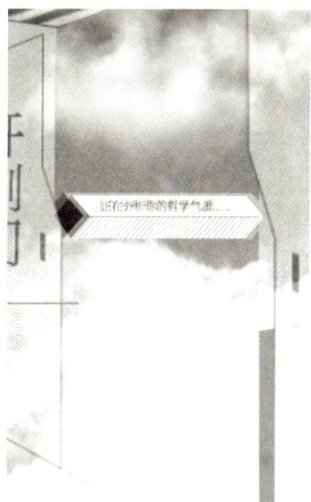

2. 结果准确

　　让我们先设想一下这样一个场景。如果你是用户，做了一个非常专业的测试，结果很准，但朋友圈很多人都得出相似的结果，那么你觉得如何？站在用户角度，如果有这样的事情发生，那么用户肯定会对测试的好感大打折扣，这种消极的情绪必然会影响用户传播。

准确，不仅是指结果文案的匹配度高，还指结果文案能概括用户复杂的人格。《测测你的哲学气质》的逻辑是每道题的选项对应不同的主义，各个主义又需要提炼出关键词，对拥有此种主义的人阐释其人格特征。这就要求策划人员了解各个主义的概念和命题。我们在归纳总结时，特别请教了高校的哲学系教授，确保我们的理解没有偏差。人格不是单一的，是复杂的，所以《测测你的哲学气质》最终呈现的是用户的人格组成，用户的哲学气质是由3种哲学主义构成的。我们选择了几十种哲学主义，使得最终的结果有上万种哲学主义组合，这样能体现出用户多面的人格，让结果更准确。多元的哲学主义的组合，规避了与其他人撞车的风险，体现出每个人独一无二的个性，这是宏观上的准确。

H5+测试的玩法出现后，涌现出很多的测试H5，呈现出一派"乱花渐欲迷人眼"的景象。近几年，H5的新形式吃紧，所以"H5将死"言论甚嚣尘上。看看《测测你的哲学气质》，玩法还是那个玩法，结合截然不同的内容，依然在社交平台上掀起了波澜，成为行业追逐的经典作品，甚至引发了网友在社交平台上，对命运、死亡、快乐等主题的深刻思考。好的内容是H5的灵魂，也是核心竞争力，是H5未来的发展方向。

7.4
《2019我的新年FLag》

　　《2019 我的新年 Flag》是网易哒哒在 2019 年新年之际推出的节点 H5，该 H5 的立意是鼓励用户"朝前看"，用立 Flag[①]的方式表达对新一年的展望。H5 上线后大受欢迎，迅速占领了朋友圈，成为网易新闻流量最高的商业化 H5，它可能并不是我们在制作上最令人震撼和最炫酷的作品，但人气却超越了网易哒哒以往的许多作品，这是为什么呢？

　　首先，主题顺应用户的心理需求。立 Flag 几乎是人人都做过的事，比如开学时立个好好学习的 Flag，吃完一顿夜宵后立个下定决心减肥的 Flag。Flag 可大可小，它是我们给自己制订的目标，人人活着都需要目标。每到元旦、农历新年、月初等辞旧迎新的时间点，人们立 Flag 的热情会暴涨。可以看出，这个主题本身自带庞大的用户需求量，并且受众范围非常大，是典型的"赢在起跑线"上的选题。

　　其次，想出了一个用户基数巨大的选题，就肯定能刷屏吗？这是不一定的。其实，2018 年年末还有许多相同主题的 H5 和《2019 我的新年 Flag》在同时期上线，可它们并未在社交网络上激起水花。因此，选对主题仅仅是第一步，H5 中包含的内容传播点才是诱发分享行为的根本所在。每个爆款策划都会有一个或多个传播点，传播点也就是用户转发 H5 的原因，这是需要策划人员落实到内容的各个细节处的。在前面的章节中也讲过，《2019 我的新年 Flag》的主要传播点有如下两个。

　　第一，营造仪式感。新年本身是一个具有仪式感的节日，很多网友也表示：立下的 Flag 能不能实现不重要，但过节总要有一个仪式感。仪式感就是通过增加一些仪式性的流程，使某一件事与其他事不同，使某一时刻与其他时刻不同。为了给用户打造仪式感，我们将立 Flag 这件事进行了流程化，总共设置 3 个步骤：第一步，立下你的 Flag；第二步，选择背景色和小装饰；第三步，阅读小建议并署名。在完成所有步骤后，会出现一个仪式感满满的倒计时：3、2、1，你的新年 Flag 正式生效！除此之外，H5 的文案也在暗示用户：你需要来点仪式感了，赶快来立个新年 Flag 吧。比如，H5 封面页的文案：立下你的新年 Flag，向崭新的 2019 迈出第一步吧。

---

①立 Flag：网络流行词，指说出一句振奋人心的话。

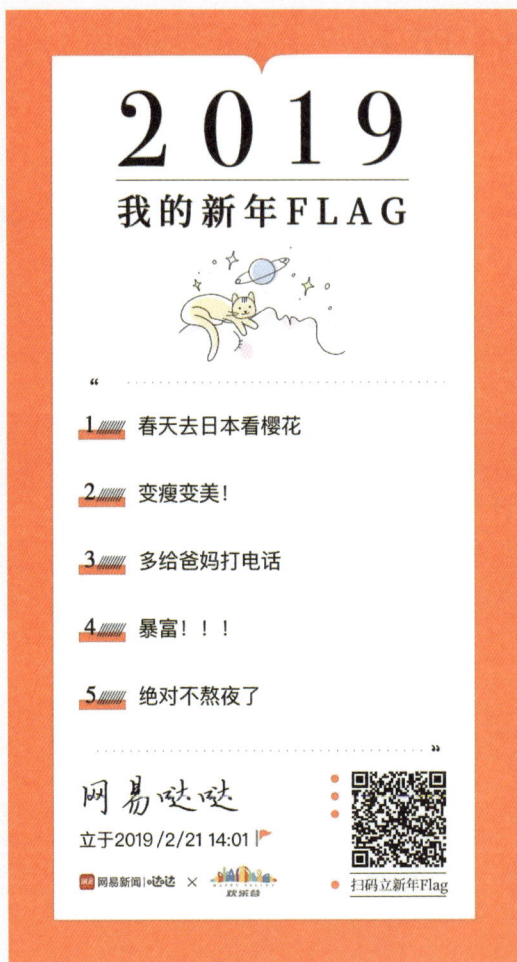

第二，工具属性。所谓工具属性，也就是让 H5 变得"有用"。首先，提供近 200 条 Flag 文案。我们从年轻人的各种生活场景出发，在洞察用户心理的基础上，提前为用户准备了多种类型的 Flag 文案。例如，"再喝奶茶我是狗"是针对热门话题"被奶茶毁掉的一代"所写的。再如，"必须在 11 点前睡觉"是针对现在年轻人基本有晚睡、熬夜的现象所写的。其实，在 Flag 文案的"度"上，我们也有细致的把控。比如，关于减肥的 Flag 是必不可少的，初版文案："坚持不吃晚饭！"

可这样的说法容易给用户造成心理负担，目标难度略大。试想，有几个人能真的做到连续很长时间不吃晚饭呢？这无形中提高了用户的选择门槛，所以我们将这条文案修改为"每顿少吃一口饭"，从而减轻用户的心理压力。用户普遍比较懒，思考立什么 Flag 对他们来说是十分费脑筋的，而这些在洞察基础上写出的文案，可以满足多数用户的选择需求。

其次，用户也可以自己输入 Flag 文案，整个过程不需要他们耗费很大精力，这便是第一点有用之处。然而，文案确实已经非常全面了，但近 200 多条 Flag，一页页地翻过去也很麻烦，浪费时间，同时消耗用户的耐心。为了解决这个问题，我们专门把用户最有可能会选的 18 条 Flag 挑出来，放在前 3 页，让用户在最短时间内选到想要的 Flag，这是第二点有用之处。

《2019 我的新年 Flag》可以使分享页面具备观赏性，实现页面的私人订制。用户自己在纸上或朋友圈里写下的 Flag，并不能被装饰得很好看，而这支 H5 就弥补了这一点。在立 Flag 的步骤中，提供了装饰页面的功能。在这里，用户可以选择自己喜欢的边框颜色，以及喜欢的小贴纸，比如专门给猫奴准备的猫咪贴纸、给已婚人士准备的一家三口贴纸、迎合猪年气氛的小猪贴纸等，选择不同的颜色和贴纸也代表用户的喜好和当下的状态。满足个性化的装饰需求，这是第三点有用之处。可以说，这支 H5 是一个真正意义上的工具，它所要解决的核心问题，就是帮助用户更好地立下新年 Flag。

在设计方面，着重营造仪式感和沉浸式体验。H5 封面页采用 3D 景象设计，正中央是一座静静地漂浮在空中的小岛，就像每个人心中专属于自己的那座孤岛。用户顺时针滑动中心的圆圈，小岛会跟随用户的滑动进行 360°旋转，一直转到目录页，这种视觉呈现富有仪式感和创新性，起到了在开头就抓住用户眼球的效果。另外，在配色上，以白色和红色为主体色。白色代表冬天，与 H5 上线时的季节相呼应，红色烘托新年温暖、温馨的氛围，让用户沉浸在元旦的节日气氛中。

我们在设计交互逻辑时，非常注重符合用户的实际操作习惯，以及体验上的清晰易懂性。与网易哒哒其他 H5 作品相比，《2019 我的新年 Flag》实际上更接近一款产品，交互逻辑较为复杂。比如，在选择 Flag 的页面上，仅仅一个单页就要包含 Flag 待选区、Flag 输入框、Flag 已选框、"换一换"按钮等多个分区。我们采用简单的点选方式去选择 Flag，为满足查看和修改 Flag 的需求，选好的 Flag 会被收纳到左上角的"已选"中，用户在选择第一个 Flag 后，已选框弹出时间为 1

秒，提示用户选好的 Flag 可以在这里重新进行编辑或排序。但在上线前的用户测试中，我们发现，部分用户会因已选框弹出速度太快而忽略它，因此我们多加了一步提示，在已选框收回后会出现点击提示，提示用户点击查看已选 Flag，成功解决了这个问题。浏览完当前页面的 Flag 后，用户可以点击"换一换"按钮切换页面。如果没有找到想要选择的 Flag，用户可以利用输入框进行自发创作。整套逻辑在满足用户各种需求的前提下衔接得顺畅、自然。

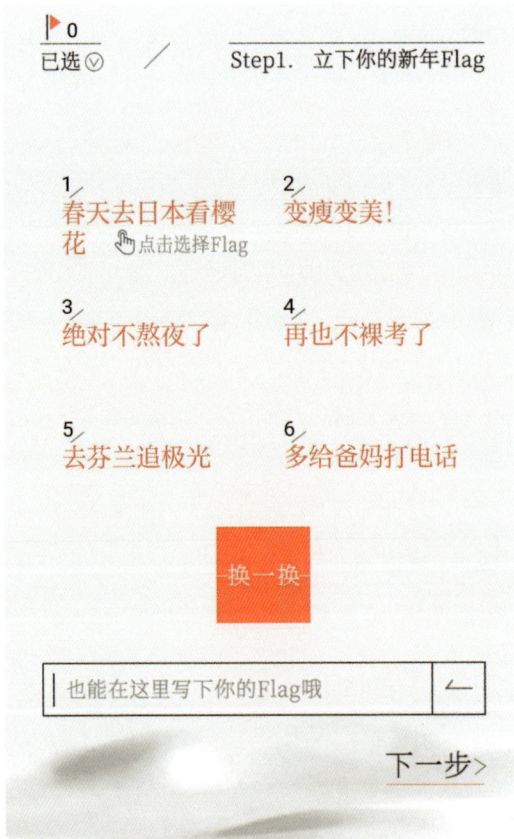

随着社交网络内容的多元化，爆款越来越难制作，尤其是在朋友圈这种传播环境中，刷屏需要依靠洞察精准、创意走心的作品，优秀的内容永远不会过时。

7.5
《滑向童年》&《解锁你的欢乐颂人设》

作品在朋友圈刷屏一次,这是很多新媒体从业者的心愿。不过,估计没有人会想过能够在 3 天内刷屏两次,而网易哒哒在 2017 年推出的两支 H5《滑向童年》和《解锁你的欢乐颂人设》,就做到了。我们是如何做到在 3 天内刷屏两次,打造千万流量的 H5 的呢?下面将详细拆解从选题策划到上线的全过程。

《滑向童年》是应"六一"儿童节这一节点推出的 H5。"六一"儿童节是一个很符合网易哒哒年轻调性的热点节日话题。所以我们很早就决定要根据这个节日做一支 H5。首先就是确定"以什么为主题"。小组讨论了几轮,一开始的候选方案有:做童年时代的经典游戏(比如《魂斗罗》《超级玛丽》《坦克大战》等),我们想过在几个具有时代意义的游戏主机 Gameboy、小霸王等屏幕之间,切换不同的游戏画面,也拟好了几个脚本,但后来考虑主打童年游戏可能无法引发大部分女性的情感共鸣(虽然我们也有女同事是玩《拳皇》长大的),便放弃了此方案。我们也想过做一个解锁闯关,把你的童心给"救"出来的小游戏,但后来考虑实现成本,也否定了此方案。

最终还是决定做动漫,除了那些耳熟能详的动漫人物自带童年燃点,很重要的一点就是动漫可以覆盖不同年龄层和受众。比如后来我们观察到,很多人转发该 H5 时,是被里面不同的动漫戳中,身边女性好友转发文案都说"美少女的变身 BGM①唤醒了少女心""哇,哆啦 A 梦好可爱!"男同胞则是在看到灌篮高手湘北球衣出现的那一刻泪奔,听到柯南的"凶手丧钟配乐"立刻就精神了。童年的那些动漫音乐确实有"魔力",在跟着画面调试背景音乐的时候,大家都是戴着耳机边听边跟着节奏抖腿,状态超嗨。

接下来是确定呈现形式。一开始我们其实想做成一个"手绘视频",让经典的动漫人物轮番出现,搭配背景音乐和他们最经典的台词闪亮登场,唤醒大家最"中二"的童年记忆,但又想让用户能有更多的代入感,让人物随着用户的操控"动起来"。就像我们小时候看动画,总会情不自禁想让自己成为动画里的某个人物,或者自己能生活在动画里的那个世界。这种"参与感",也恰好是 H5 中很重要的一环。所以我们就想通过用户自己的指尖滑动,把童年最"燃"的记忆,

---

① BGM:网络流行词,指背景音乐。

用最"酷炫"的方式呈现出来。

《滑向童年》上线后刷爆屏，各方好评不断，而"吐槽"比较多的就是为什么没有《龙珠》《圣斗士星矢》《海贼王》《蜡笔小新》……在整个策划过程中，动漫的取舍是最让人纠结的。比如《海贼王》和《圣斗士星矢》，我们的镜头脚本都写好了，但是时间有限，最后不得不忍痛割爱。最初我们选了将近 20 个耳熟能详的动漫代表，最后考虑覆盖人群，比如兼顾不同年龄层和受众，以及最重要的 deadline（最终期限），才热痛割爱了不少，将它们一个一个地去掉。

我们当然不能说《海贼王》人气不如《火影忍者》，但实在是因为时间紧张。所以要说不足，就是时间有限，无法把用户喜爱的更多角色呈现出来，对此我们感到非常遗憾。但最后呈现出来的每个动漫人物，从设计到交互，都是设计师和前端技术人员加班熬夜，一点一点调试出来的。与其把所有的动漫人物一股脑儿都放上去，不如把每一个出现的动漫人物做到最精致、最酷炫。

说完《滑向童年》，再讲讲《解锁你的欢乐颂人设》。首先，我们为什么要做这支 H5？在《欢乐颂》这部都市乐章中，充满了真实与共鸣。相信每一位正在追逐梦想的小伙伴，都能从该剧中的某些角色身上看到自己的影子。我们觉得这个选题会有很多人愿意尝试，能够"戳中"用户并把它分享出去。其实类似的 H5 已经有很多，为了能带给用户更新颖的体验，我们想过类似"欢乐颂里，谁是你的另一半""欢乐颂中，你处于哪个阶层"等选题，但是最终都被否定了。最后，我们想到把两个人物组合起来的方式，《欢乐颂》里的人物都或多或少地放大了某种单一性格的特质，而现实生活中人们的性格往往更复杂。相对来说，这种人格组合方式可以更恰当地描绘用户的个性或者"人设"。此外，这样也更能吸引用户的好奇心。大家都知道安迪是怎样的人设，但想不到"73% 的安迪 +27% 的赵启平"会是什么人设，会不会像自己的朋友？不如点进去一看究竟！

为什么要采用答题的互动形式呢？洞察一个人的"人设"，最简单、最直接的方式就是答题。在题目的设置上，我们希望能带给用户更多的参与感。结合《欢乐颂》的剧情，最终选取了一些人们在生活中可能会经常遇到，并且令人纠结的问题作为题目。每个问题的答案的选项，对应不同角色的心理特征。由于每一个问题的选项比较多，文字也比较多，所以每个选项都配有魔性[①]的插图和音效，让答题体验更加生动有趣。

---

①魔性：网络流行词，古怪又非常吸引人。

接下来，开始揭秘结果的计算方式。我们一共选取了 5 男 5 女共 10 个主要角色作为测试结果，题目中的每个选项都对应了 2 个角色。根据用户的选择，取他们答案中个数最多的两个角色作为最终结果。在结果页中，每个角色都对应了简洁、直接的 3 句文案。将两个角色的比例相加，得出用户最终看到的 4 句文案，由此可形成几百种不同的文案组合方式。这种随机性，可以提升策划的趣味性，带给用户更好的体验。

最后，总结几点"干货"，或许你能用得到。

第一，热点选题刷屏概率更高。网易哒哒爆款策划如《里约大冒险》《情人节画出你的爱》等，以及儿童节策划，其实都和重要的节日或者热点有关。《解锁你的欢乐颂人设》其实也是热点选题。在热点上，用户是很喜欢凑热闹的。可能一个五点连线的小游戏并没有那么多人爱玩，但如果你让以 5 个点连出的每个形象都能表达一个国家的爱情"蜜语"，并在情人节那天发布，那么转发量就可能远远高于平日。

第二，要有一个惊艳的开头。在复盘该 H5 时，通过朋友圈关键词搜索，笔者发现，身边很多人在分享儿童节 H5 文案时都表示"一打开就被戳中""开头高燃""一听就泪奔了"，证明用户在打开该 H5 时，一下子就被背景音乐或者酷炫画面吸引了。在这样一个浮躁的时代，人们的耐心都很有限。像 H5 这种通常自带加载时间的，如果一开始不能给观众惊艳感，不能满足因等待加载时长而不断被拔高的期待值，那么其面临的命运很可能就是用户甩下一句"什么玩意儿"，然后中途退出。当然，结尾也很重要。儿童节 H5 的结尾，5 段动画最后被缩进电视机里，这个寓意相信很多人都懂，因为童年我们都是在电视机里看到这些动画的。电视机也是童年回忆的"一部分"。其实一开始我们希望能把哆啦 A 梦放到最后，让哆啦 A 梦钻进抽屉的时光机作为收尾，让用户感觉到童年随时光一去不复返，后来因动画顺序有调整，在有限的时间内，技术实现有不确定性而作罢。

第三，好的创意是 H5 成功的关键。一篇文章的转发有很多种可能性，比如它让用户有情感共鸣，有价值输出，文风足够有趣，或者有高级感，转发能满足用户塑造朋友圈人设等的需求。但使一个 H5 能引发转发效应的原因，最重要的还是"创意"。比如，此次儿童节 H5，朋友圈里的一个转发文案给笔者留下很深的印象——"好的创意，就是别人看了会转发"。与《欢乐颂》相关的 H5 之前也有很多，但网易哒哒的《解锁你的欢乐颂人设》在上线半天就能获得千万 uv（网页访问量）。这也证明，光有蹭热点的心还不够，有一个好的创意加持才是最重要的。

第四，分享标题是 H5 给用户留下的"第一印象"。考虑爆款 H5 大部分流量来自社交渠道，所以分享标题是大部分人对该 H5 的"第一印象"。网易哒哒的 H5 分享标题，最忌讳的就是"太像文章"。因为 H5 的标题本身是很有传播优势的，策划人员可以天马行空地加一些"互动"的字眼，如"画出你的爱""找不到，你说虐不虐"等，这就比一般的标题更吸引人。如果一个 H5 的分享标题让人感觉点进去会是一篇文章，就太失败了。我们也经常会在工作群里互抛一些文章的标题，并表示其作为 H5 分享标题就好了。每次上线前，分享标题也是被讨论最多的内容，比如"很多成年人不敢打开"这个标题，其实是我们在上线前一个小时才定下来的，当时内部为了用哪个分享标题争得面红耳赤，甚至发到各个群里投票选标题。最后决定用此标题，是想在文字上突出成年与童年之间的反差，并增强标题的悬念感。

第五，把握"人性"，牢牢抓住用户。用户在社交媒体平台上的行为，包括点击浏览、互动留言和分享转发。浏览和分享相互促进，形成闭环。因此创意产出时，要考虑的一个重要前提是用户为什么分享，好友为什么点击。例如，《解锁你的欢乐颂人设》，在构思阶段，曾经考虑过测试《欢乐颂》里谁更适合做你的另一半，乍看仿佛是很有趣的一个创意，但考虑分享这样的结果，对于无论是否单身的用户都有些尴尬，所以我们很快更改了方案。最终方案的测试结果，文案简洁直接，结合了用户的性格特点，放大了用户的优点，其缺点也显得有点可爱，让用户忍不住分享。这时用户的心理活动可能是："看，这就是真正的我！"想必用户的好友在朋友圈看到其结果，也会忍不住要试一试。

第六，一篇爆款文章可能是一个人的功劳，但H5肯定是一个团队的产物。从策划、设计到前端动效，每个环节都很关键。创意落地，其实就是团队成员互相不断激励的过程，网易哒哒H5团队成员互相合作了很多次策划，彼此都很默契，也都一致认为"灵感"比"执行"痛苦一百倍，而灵感都是大家在公司的"小黑屋"里，反复纠结、讨论、推翻、互相取笑、争吵最后酝酿出来的。我们也会经常在小群里互抛一些别家做的H5，然后讨论其好在哪里或者烂在哪里，再根据该H5，自己敲一篇长文观点发到群里讨论。当一款H5火了后，在复盘时可能我们也记不清当初是谁想的这个idea，是谁提出的这个想法。这也证明，好的灵感常常是几个人相互刺激脑洞，然后不知不觉就碰撞出来的。

《滑向童年》在网易新闻客户端和微信朋友圈均上线推广，而《解锁你的欢乐颂人设》仅在朋友圈传播，两个H5都是先从团队成员个人朋友圈开始扩散的，没有进行其他渠道扩散。从朋友圈上线到进入流量爆发期，均是2~3小时，也都是在晚上9点和10点达到流量峰值。很多人认为《滑向童年》更精美，流量会比《解锁你的欢乐颂人设》更高，在H5上线前，网易哒哒团队内部也认为，"二者不是一个量级的，但结果却是，《解锁你的欢乐颂人设》比《滑向童年》的流量更猛，前者网页访问人数达到后者的2.5倍。

为什么看着更精美的《滑向童年》，流量却不如《解锁你的欢乐颂人设》？从流量耗费上说，后者策划压缩包为3MB，瞬时加载；前者策划压缩包为40MB，需要的加载时间较长。后者策划相对更轻量，走的是"短平快"路线，从策划到上线，耗时两周完成。前者策划，我们希望在情感上打动用户，让用户能够回忆起他们最宝贵的童年时光，唤醒用户深藏的一颗童心，所以其制作成本更高，设计师和前端工程师加班赶进度，耗时1个月完成。《滑向童年》H5对手机性能的要求更高，一些低配安卓手机可能会有卡顿的问题，网速也会影响用户体验。但这些问题并没有妨碍《滑向童年》H5 成为刷屏之作。

从标题到内容，《解锁你的欢乐颂人设》比《滑向童年》H5 包含更多的社交元素，能囊括的人群也更广泛，也就更适合社交传播。如果说《解锁你的欢乐颂人设》H5 是美味快餐，那么《滑向童年》H5 就是高级料理。不管哪种口味，都希望用户能一如既往地关注网易哒哒，见证更多优秀 H5 作品的诞生。

7.6
《制作你的饲养手册》

不同于《测测你的哲学气质》的高格调概念，《制作你的饲养手册》是网易哒哒为"六一"这个轻松、接地气的节日而特意制作的，利用个性化 UGC 图片生成的 H5。每个成年人都曾是可爱纯真的孩子，疲惫的现实生活让我们偶尔想要轻松一下，逃回到有人宠爱、放肆卖萌的童年。当下"又丧又孤独"的年轻人喜欢饲养猫、狗等萌宠，用可爱的宠物来解压。基于这样的社会洞察，我们决定用"饲养手册"这样一个有趣新颖的主题，置换用户和小动物的身份，打造一支萌萌的童心 H5。把用户包装成一个可爱活泼、搞怪卖萌的小动物，让他们体会"被饲养"的感受，帮助用户委婉地晒出可爱人设。

其实，这支 H5 的刷屏基本在我们的预期中。在策划之初，我们已全面评估过它的传播潜质和受众群体，我们把《制作你的饲养手册》的受众群体圈定为"90 后"及"00 后"的年轻女性，最后的数据统计结果显示：这支 H5 的主要用户群体与我们定位的受众群体分析完全重合。除了精准定位受众群体，一个具备爆款潜质的个性化 UGC 图片生成 H5，至少要满足以下四点要求：第一，主题新颖有趣，并能激起用户共鸣感和互动欲；第二，不同用户能生成不同的结果，个性化文案必须十分准确；第三，交互简单、理解门槛低；第四，高品质、贴合主题的吸睛设计。下面我们来展开讲解。

第一，新颖有趣的主题。之所以把"主题"放在第一位，是因为它能决定一支 H5 的生死。可以说，如果策划方向正确，那么一切皆有可能。如果最初的策划方向错误，那么无论文案、视觉、技术做得多么出色，都无法改变"扑街款"的宿命。我们在前面说过，《制作你的饲养手册》的主要受众群体是"90 后"及"00 后"的年轻女性，对这样一个喜欢追逐新鲜感和有趣事物的年轻群体而言，该 H5 有一个非常吸睛的新颖主题。

更重要的是，它贴合了当下年轻人的普遍生活和心理状态：又丧又萌，内心孤独。"不想结婚"是这代年轻人的常见心态。独生子女一代多成长于小型家庭，社交能力弱，倾向于把情感寄托到宠物身上，用宠物帮自己缓解日常的压力和孤独。针对这一洞察，主题的大方向就确定为：把用户和有人疼、有人爱的小动物进行角色置换，把动物的萌属性和每个人的性格特点相链接。用这样一个可爱的主题，治愈用户的"小确丧"，同时来打造"激萌"人设。

第二，准确的个性化结果文案。这一点是整支 H5 制作中最重要的一环，也是很多自嗨式"扑街款"都会忽略的一点。实际上，用户参与个性化图片生成 H5 的唯一动机就是得到和自己个性相符的准确结果。我们知道朋友圈传播的一条基本法则叫作"与我相关"。每个人最关心的就是自己，也只会分享与自己相关度高的内容到朋友圈。《制作你的饲养手册》这种 H5 的终极目的就是帮用户展示人设，如果得出的人设结果和用户期待完全不符，那么用户当然不会买账。所以大部分用户配的转发语是："太准了！"这的确是他们最关心的一个点。

针对这一点，我们在制作过程中，不断根据小范围的用户试玩情况，进行准确度方面的优化，最终成功抓住了用户的心。除了做到准确，文案是否有趣也很关键。《制作你的饲养手册》可爱俏皮的话术深入人心，既凸显了主题特色，又用幽默的语言帮用户展示了个人形象。

第三，简单的交互。在交互方面，我们一直秉承的原则是简单的交互更适用于 H5。因此，我们这次只采用了上滑操作，以及十分简单的点击选择操作，让用户能够快速理解操作方法，提升交互体验感。

第四，高品质的吸睛设计。贴合主题的高品质设计，可以帮助用户更好地理解主旨。人是视觉动物，精致的画面可以吸引用户的注意力，提升分享率。毕竟，分享一张好看的图到朋友圈，是一件"不丢份"的事。

在社交平台上，重复最多的字眼是"可爱"和"治愈"，这也正是这次设计和交互的亮点。在设计上，可爱却不幼稚，并且透露出高级感，符合主题的整体调性。整支 H5 使用长图，采用文字和图形穿梭的动作效果，连贯统一。元素拼贴是网易哒哒此次在设计风格上的一次突破，各式设计素材的灵活排布，让整支 H5 变得生动有趣。

在交互上，操作简单，治愈系的交互体验让用户惊喜连连。网易哒哒推出过《滑向童年》《她挣扎 48 小时后死去，无人知晓》等交互炫酷的作品，但是考虑要为用户营造一个轻松愉悦的体验，这次只是用了简单友好的交互，使得用户理解成本大大降低。选项的交互设计也十分新颖。比如第二题，用户点击选项后，表情会转动起来，第三题的选项在点击后，小动物会有不同的动作——小羊从选项中钻出来、麋鹿仰起脖子，等等。在可爱、治愈的同时，让用户充满惊喜感。这种积极情绪能吸引用户继续操作，让用户对结果产生期待。

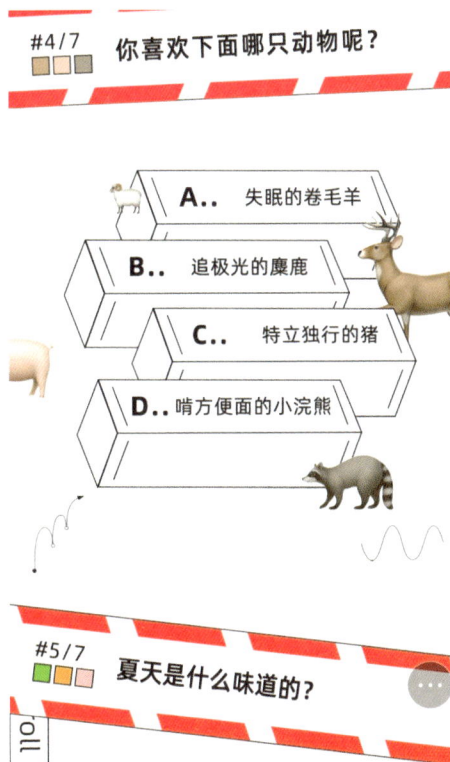

为达到最理想的效果，H5 的每处细节都经过多次打磨，用时 1 个月完成了制作。在制作过程中，我们也曾面临不少难点。《制作你的饲养手册》的文案内容，将策划人员"伤"得不轻。这支 H5 的文案要求各个部分围绕着"可爱"去发挥，题目设置要轻松有趣、可爱活泼、卖萌搞怪、服务于主题，最好还要新颖，让用户有一种别开生面的感觉。这么多要求堆在一起，让策划人员把自己关在会议室里进行疯狂头脑风暴，输出了 N 版之后才得到了这版方案。有体验过《制作你的饲养手册》的同行表示：如果没看过《制作你的饲养手册》，还真想不到 H5 的题目竟然能这么玩。

这次结果文案的难点之一在于：如何用描述动物的可爱话术去包装人们的习性和注意事项，让用户觉得既准又萌。策划人员需要把握好文案的度，如果形容动物的程度高了，文案过于动物化，就会让用户觉得有羞耻感难以分享；如果形容动物的程度低了，那么文案又无法凸显"拟物"的风格。策划人员此次撰写文案，就如同走钢丝，稍有偏移就要立即调整。为此，两位策划人员前期做了大量的调查，提炼出用户的共性后，一条一条地打磨文案，对每条文案都会做小范围的测试，反复修改直至收到最好的反馈。从社交平台上用户的反应能看出，可爱 + 神准是用户主动分享的驱动力，这也直接表明，策划人员对于"度"的把握是正确的。

难点之二在于视觉设计。用户在接触内容之前，视觉呈现能给他们留下第一印象。为了能体现此次的主题，设计师在画风的选择以及视觉设计上花费了极大的心力。首先是画风的选择。画风要高级，这是网易哒哒一贯的要求。虽然其特点是可爱，但是要透露出高级感，不能显得幼稚。前期，团队成员在风格的选择上遭遇了很多次碰壁，我们前后共否定了 3 版 H5 分享页面的设计风格：一号风格运用明度较高的颜色，做大胆的颜色冲突设计，点缀波点、曲线等可爱元素，年轻活泼，符合主题，但它的元素过多过杂，字体辨识度不高，而且视觉效果太强，乍看上去更像是一张海报，这个风格不得已被放弃；二号风格用三格线框划分页面，元素为钝角设计，主打童趣和可爱的概念，此风格在内容的展现上清晰明了，但因缺少视觉吸引力、略显幼稚而被放弃；三号风格是非常现代的几何极简风，运用锐角几何图形填充画面，页面简洁且干净，文案排版也很清晰，但高级得过了头，会给用户距离感，且和策划主题不搭，所以也被否定了。最终，"心力交瘁"的设计师选用"色彩碰撞 + 元素拼贴"这一方案，既融合了可爱元素，又避免了视觉上显得乱的弊端。

难点三是视觉呈现。我们希望画面给人一种流动的感觉。每一道题中的元素要动起来，并且题与题之间的元素也要能流动起来，使画面起到过渡的作用。元素多而不乱，处处藏着"小心机"，比如在第 6 题中，用户选中一个选项后，该选项的文案变为重复动画，选项线框也会随着用户的滑动慢慢倾斜。

#6/7　哪个词语让你感觉很温暖？

A.. 开饭

B.. 被窝

我在 有我在 有我在 有我在 有我在 有我在 C.. 有我

D.. 慢慢来

E.. 下班了

F.. 妈~

G.. 我回来了

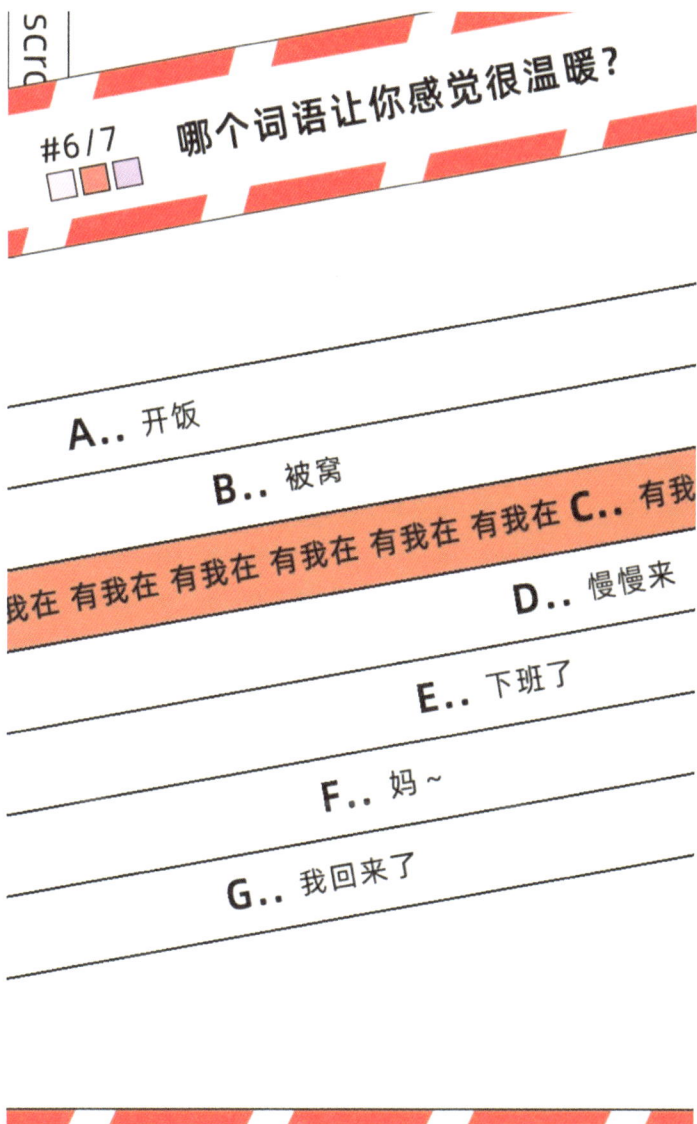

　　在选择性别处，小人会随着用户的点击俏皮地举手。类似这样与用户进行互动的"心机设计"还有许多，大大增加了测试过程中的趣味性。

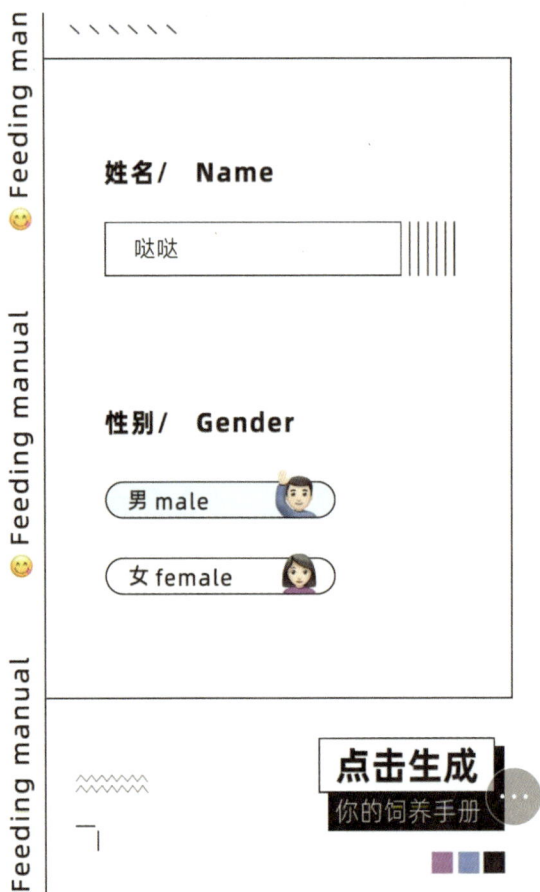

在没有投入任何渠道的情况下，《制作你的饲养手册》H5上线不到4小时，在微信内即无法访问（浏览人数过多），5月28日当天全网浏览量就超过了1 000万人，并且这个话题登上微博热搜。这再一次证明了H5能否刷屏，还是要看内容和作品本身是否具有自传播力。爆款诞生的背后，是团队日常的素材积累和内容洞察。H5已经从"炫技"回归到内容本身，H5更多地会靠有趣的内容打动人，而不是靠花式的交互和技术。

我们相信，新颖、有趣、好玩的H5，还能不断刷屏。